教育フォーラム71
JAPAN SOCIETY OF HUMANISTIC EDUCATION

令和の教育課題

学制150年を踏まえて

梶田叡一◎責任編集
日本人間教育学会◎編

金子書房

教育フォーラム71

特集◎令和の教育課題——学制150年を踏まえて

CONTENTS

特集◎令和の教育課題——学制150年を踏まえて

特　集

令和の教育課題

学制150年を踏まえて

特集◎令和の教育課題——学制150年を踏まえて

●

和魂十則

学制150年を踏まえ新たな「和魂」の育成を

●

梶田 叡一○かじた えいいち

【学制発布から150年】……………………………………………………………

　明治5（1872）年の学制発布から150年余り，欧米モデルに立った近代的学校教育は，日本社会にすっかり定着している。

　この150年余りの学校教育は，基本的には「洋才」の教育であった。幕末の黒船の相継ぐ来航によって，欧米と日本の軍事力の格差を思い知らされ，このままでは日本は欧米諸国に乗っ取られてしまうのではないか，との危機感が日本の社会全体を覆ったのである。このため欧米の軍事力の背後にある「進んだ」知識や技術，思想や学問を早急に日本に取り入れ，富国強兵を実現すべく懸命に努めてきたわけである。この努力の積み重ねによって我が国の社会は急速に欧米化され，軍事力も欧米の水準に近付いてきたが，このことに自信を持ち，欧米に倣って近隣諸国に進出し，我が国の影響下に置こうと努めたのが明治後期から大正，昭和初期であった。この時期の教育も，表面的には日本の伝統文化が見直されながらも，基本的発想は日本の「和」の伝統からかけ離れた欧米流の弱肉強食的な思想に立つものであった。そして，太平洋戦争に突入し，結局は無惨な全面降伏に至って，日本の歴史上初めて外国軍隊による7年近くの

全面占領という事態となる。この占領期には明治初年を上回るほどの「洋才」「米才」の教育が，占領当局の指導もあって強力に実施された。この影響は，現在の教育においてもなお濃厚に残存している。

　もちろん「洋才」の教育そのものが悪いわけではない。ただ「洋才」ということで欧米流の新しい知識や技術，学問や思想を身につけるだけで，主体的にそれを生かして用いる精神的基盤が育っていなくては，うまくいったとしても単なる「有能な人」「できる人」であり，優秀な社会的「道具」としての意味しかないのである。それではその人自身の人生が教育によって豊かなもの充実したものとならない。社会的現役を終え，引退して老後の時期を迎えた時に，社会的には「有能な人」「できる人」であった人が空虚感に襲われ，自分の人生が必ずしも充実したものであったとは思えないと嘆く例が少なからず見られるが，これもこのことと関係している。こうしたことから，「洋才」を主体的に自らの「生き方・在り方」のために使いこなすには日本の伝統に根ざした精神的基盤が育っていなくてはならない，という「和魂洋才」の必要性を指摘する声が，明治初年から今日まで続いてきたのである。

　これからの教育では，もちろん「洋才」だけでは不十分である。欧米以外の地域にも，とりわけICT技術に関連して世界最先端の知識や技術が輩出している。文化ということから言えば，もはや欧米文化のみが世界のスタンダードを提供するものではなく，各民族それぞれの文化が多様な形で共存し，人類全体の文化を豊かにしていくという方向である。こうした現代的事情から言えば，これからの日本の学校教育は，世界のどの国どの地域からも学んでいく「人類才」の学びでなくてはならない。そして，その基盤には新たな「和魂」が，「自分自身の生き方・在り方」に関する現代的な精神的原理原則が身についていなくてはならない。まさに「和魂人類才」の教育が必要となっているのである。

　ここでは，世界各地域の知識や技術，思想や学問，文化を学び活用していく際の精神的バックボーンとなっていくべきその人なりの「我の世界」の在り方について，すなわち日本の伝統に根ざしながらも新しい時代に即した「生き方・在り方」の原則となるべき「和魂」の具体的内実について，少し考えてみるこ

とにしたい。

【外的状況に対応するためだけの学校教育では】………………………

　この150年余りの学校教育の歩みを顧みると，教育の具体的在り方は時期によって異なっているように見えるが，どの時期においても「外的状況に対応するための教育」「外的事情から国民誰もが身につけざるを得ない必要不可欠な資質能力を育成するための教育」であったことに気づく。「我々の世界」からの諸要求に即した人を育成するということだったのであり，その人の「我の世界」がどう育っていってほしいかが問われないままになっていた。我が国の良き伝統に根ざした「人としての生き方・在り方」を育成する，という面が弱かったのである。

　江戸時代であれば，幕末に黒船が来るまでは，新しい知識や技能や思想を学ぶ必要性はほとんど感じなくて済んだであろう。したがって，伝統的な知識や技能や思想を，藩校など武士の子弟にとっての学校で学ぶ場合でも，また寺子屋から各種の私塾に進むという庶民の子どもたちにとっての学校で学ぶ場合であっても，学んだことを有効適切に使いこなすための精神的バックボーンの必要性について，それほど痛切に感じることはなかったのではないかと思われる。それでも，学ぶことの基本が中国の古典である四書五経といった孔孟の学であったことから，日本の伝統に根ざす「和魂」といった精神的バックボーンを同時に学ぶ「和魂漢才」を目指すのでなくてはならない，と強調されることがあったのである。しかしながら，明治維新以降の近代的学校制度のもとで期待された学びはまさに「新知識」「新技術」「新思想」であり，それを各自が社会的にも個人的にも本当に有効適切に生かしていこうとするならば，江戸時代と比較して格段に強力な形で「和魂」を身につけていくべき必要性があったはずである。

　明治維新から長期にわたって富国強兵を実現するために欧米の先進的な学問・技術を身につけさせる教育がなされてきた。昭和に入ってからは周辺諸国への対外進出を支えるために八紘一宇の精神を中心としたエスノセントリズム（自民族中心主義）の教育がなされた。そして日本が太平洋戦争に負け，歴史

上初めての他民族支配を受けた占領期になると，占領国の中心だったアメリカの意向を踏まえた民主教育，アメリカモデルの社会の在り方を支える人づくりの教育が展開された。このアメリカ型民主教育の余韻は現在の学校教育にもなお強く残っている。そして現在では，全世界的なICT社会への急速な転換の中で，「GIGAスクール」や「21世紀型能力」が言われ，日本社会が情報社会化の動きに乗り遅れないような教育的対応が強調されている。

　もちろん，学校教育においては，外的事情に対応した資質能力を子どもに育成していくことは，ある意味で不可欠な責務と言っていいであろう。したがって現代の学校教育では，情報化社会の特質を知り，自分でも多様な情報機器を駆使して生活し，学習していく力を身につけていかなくてはならない，ということになる。しかしながら，それだけではどうにもならないのである。情報化社会だからこそ，周囲から押し寄せる情報の大波にのみ込まれることなく，情報処理を多岐にわたってこなせる技能を身につけることだけに忙殺されることなく，自分自身が真に満足できる主体的生活を自分なりに工夫していける精神性が要求されるはずである。今求められている「和魂」は，そうした基本性格をもつものではないだろうか。

【「和魂人類才」の根幹となる「和魂十則」を考えてみたい】…………
　「和魂」の具体的内実としては，1人1人が何よりもまず「自分自身の主人公でありたい」という気持ちをもつことであろう。安易に多数意見に同調したりしないよう，右顧左眄してうろうろしないよう，常に気持ちをしっかりもつようになってほしいものである。いつも自分自身の「実感」「納得」「本音」の世界に足をつけ，自分自身に責任のもてる言動に努めるようになってほしいものであるし，その上で自分自身の思いや願いにも引きずられることなく，「自らの主」であることを心がけたいものである。

　一時期，したり顔した文化人たちが「子どもたちには自分のしたいことを自分のしたい時に自分のしたいようにやらせてやるのが一番」と言っていたが，甘やかしと放任とを重ねていては「人格の完成」や「人間性の涵養」と無縁に

なる。このことは，江戸時代の爛熟期において既に貝原益軒らによって強く言われていたことも忘れてはならない。いずれにせよ自分自身でそのことに気づき，自覚をもって生活しようとするようになること，こうした方向に向けての絶えざる温かい配慮と指導が必要となるのではないだろうか。

　何がどのような意味で真実か，どういう行為はどのような意味で正しいのか，といったことについては，「人類才」を駆使して考えていくことが必要となるであろう。それによって現在の人類社会全体に通用させていくべき共通の真理や正義の求め方が明確になり，そこで大事にされるべき理性のあり方が明らかになってくるはずである。そうした真理や正義を目指して，理性に基づく言動に努める際にも，精神的バックボーンとして働くべきものが「和魂」である。この「和魂」の具体的な在り方として，私の考える「和魂十則」を，以下に掲げておくことにしたい。

【和魂十則】 ……………………………………………………………………

⑴　誠を尽(つく)したい。

　何時でも何事についても一生懸命に，誠心誠意で対応することに努めたいものである。孟子の「至誠(しせい)天に通ず（真心を尽くして努力すれば天もそれを諾(うべな)い必ずうまくいく）」は我が国でも吉田松陰をはじめ古来多くの人に大事にされてきたところである。

⑵　他の人の気持ちに配慮した言動でありたい。

　何事についても相手の人，関係の人たちの身になって考えることに努めていきたいものである。聖徳太子が『十七条憲法』の第十条で言うように，人それぞれが譲れないものを内面にもっているのである。そうした実情を洞察した上で付き合っていかないと無駄な衝突の繰り返しになるであろう。議論することも大切であるが，どちらが正しいかでなく，「正」「反」「合」の弁証法的過程を大事にした話し合いにしたいものである。

(3)　世のため人のためにささやかでも尽したい。

　自分の今の状況で他の人のためになることを，何らかの形でやっていきたいものである。比叡山延暦寺を開いた最澄が『山家学生式』で言うように，「一隅を照らす人(片隅でもいいから照らす人)」になることが大切ではないだろうか。

(4)　自分を含め誰もが大きな可能性を秘めた存在であることを大前提としたい。

　見かけ上の姿にとらわれないで自他共に「大化け」する可能性をもつことを忘れないようにしたい。誰もが限界のない「青天井」をもつことを大前提にしたいものである。

(5)　自らしかしむる(自然)を大事にしたい。

　自然の姿を尊び，自分自身についても何かを自分の力で無理にでも実現しようとの気持ちを抑えていきたいものである。「自然法爾＝人為を捨ててありのままに」「自分の計らいを捨てる」といった法然や親鸞の思想に学んでいきたいものである。

(6)　美しいもの感動的なものとの出会いを大事にしたい。

　四季折々の自然との触れ合いや，音楽・美術・古典芸能等々の鑑賞など我々の精神を揺さぶるような感動体験を積極的に追い求めていきたいものである。我が国の先人たちは自然や人の世の美しさを目に留め，物語や短歌，俳句など様々な形で表現している。これに加えて現代は，世界各地の文芸や音楽や美術・工芸も我が国に紹介されている。美しいもの感動的なものとの出会いを極めて多様な形で実現することが可能ではないだろうか。

(7)　自分を創り生かしてくれている大きな存在に気づき感謝の念をもちたい。

　自分の力でこの世に生を受け，自分の力で今日を生きているのではない。そうした根本的な事実を忘れないように努め，創られたこと生かされていることへの感謝の思いをもって日々生きていきたいものである。

(8) 時に無念無想の時間をもちたい。

　時にはあらゆる思いやこだわりを放棄し，自分自身を空っぽな状態にしてみることが大事であろう。自分自身の原初の姿，根源の姿への立ち返りである。道元の「只管打坐」の精神に学びたいものである。

(9) ご縁を大事にしたい。

　家族，親族，仕事仲間，友人など深いご縁のある人との繋がりを大事にしていきたいものである。偶然の出会いが必然性を孕んでいたと時に認識することも大切である。古くから「袖すり合うも多生の縁」と言い交わしてきたことを大事にしたい。

(10) 何事においても「和」の実現と維持を大事にしたい。

　和顔愛語を心がけ，意見や感情の相違に対しても最大限の謙虚さをもって相互の距離を埋めていくことに努めていきたいものである。聖徳太子の「和をもって貴しとなす」の精神を，そのための謙虚さと粘り強さを，常に考えていくべきではないだろうか。

参考文献

梶田叡一『日本の感性　和魂ルネッサンス』ERP，2015（あすとろ出版，2009）

梶田叡一『人間教育の道——40の提言』金子書房，2022

文部科学省『学制百五十年史』ぎょうせい，2022

特集◎令和の教育課題──学制150年を踏まえて

●

令和の時代の教育課題

学制150年を踏まえた日本型学校教育のリニューアル

●

古川　治○ふるかわ　おさむ

はじめに

　明治までの日本の学校は「和魂漢才」，近代化を目指した明治の「学制」は「和魂洋才」であった。ヨーロッパ学校制度を導入した日本の教育は「和魂洋才」一辺倒でやってきたように考えられているが，決してそうではない。1872（明治5）年成立の学制から10年後の1880（明治13）年には早速，儒教道徳に基づく国家主義の強い第2次教育令に改正するとともに厳しい学歴主義が誕生し，独自の「日本型学校教育」を創造し，その独自の営みは戦後のGHQ勧告後も続いた。

　2022（令和4）年は明治政府が近代学校制度である「学制」を整備した1872年から150年を迎えた。文部科学省は令和の時代の日本の教育の展望を示すため中央教育審議会（以下，中教審）にその在り方を諮問した。2021（令和3）年1月26日，中教審は「『令和の日本型学校教育』の構築を目指して──全ての子供たちの可能性を引き出す，個別最適な学びと，協働的な学びの実現」として答申した。答申は戦後の日本型学校教育の成果を，教育機会の均等と教育水準の維持・向上の制度が構築され，国民の教育水準が向上し，社会発

展の原動力となった。知・徳・体を一体で育む『日本型学校教育』は，一定水準の教育を保障する平等性，全人教育などと評価され，課外活動など全人的な教育を提供していると総括した。令和の時代の日本の教育を展望するにあたって，いま改めて，ヨーロッパ先進国から学びながら，同時に独自の学校制度を創造した日本の学制150年にわたる「日本型学校教育」の歴史について振り返っておきたい。「日本型学校教育」の特徴や歴史について振り返ってみることは，今後の教育を考えるうえで意義あることである。なぜなら，教育という営みは，過去や現在を背負って生きていく人間の文化活動であり，「日本型学校教育」の未来の姿は過去や現在の教育のこれまでの軌跡の延長線上に現れてくるものであるからである。

1　ヨーロッパ先進国の教育を取り入れた明治初期

　まず，はじめの独自の特徴は中央集権的な教育制度を構築したことである。明治政府は欧米列強に伍して富国強兵を目指し，近代国家を構築するため身分制度を廃し，イギリス・フランス・ドイツ等ヨーロッパ先進国の教育を導入し，国民皆学の義務教育を実施し，全国に2万4千校の小学校を創設した。導入方式はイギリスの場合はそれまでの各種の伝統と個性のある既存の学校の存在を前提として，1870年に初等教育法が制定され，新設の学校との共存を図る方式であったが，後発の日本は学制という法律がまず制定され，すべての学校が足並みをそろえてスタートする方式であった。先進国は「初めに学校ありき」，後進国の日本の場合は「初めに法律ありき」で，明治初期に確立し現在まで続く法律・規則により細部にわたり，中央集権的に拘束する日本型教育行政を確立したが，その特質は戦後の教育改革を経てもなお現在まで残っている。1900（明治33）年の第三次小学校令により義務教育の授業料は無償になり，1907（明治40）年には世界トップの就学率97%を達成した。明治政府の先進国を凌駕する教育の近代化政策は概ね成功した。

2　激しい学歴主義社会の成立

　次の特徴は激しい学歴主義教育を誕生させたことである。外国からも批判される「日本において社会的地位を得るには，学校の勉強で成功することである」（天城編著，1987）という学歴主義は，早くも明治時代の学制期に生まれた。学校制度は，生まれた身分により出世が決まる江戸時代の教育制度に代わり，学問をしたものが出世する近代ヨーロッパの複線型の教育制度を導入し，上級学校へ進学し出世する学歴社会をも生み出した。明治5年には福沢諭吉が『学問のすすめ』を著し，「万人皆同じ位にて，生まれながら貴賎上下差別なし。されども人間世界を見渡すに，かしこき人あり，おろかな人あり，貧しきもあり，富めるもあり。人学ばざれば智なし，智なき者は愚人となり」（福沢，2022）と言い，近代社会における社会的地位は貴賎貧富の差や家柄や生まれでなく，学問のあるなしによって決まるので，学問に励むべしということを国民に説いた。近代社会においては，学問をして能力や実績を上げ，個人の能力や業績のために学歴が目標になり，社会的地位を得る学歴社会が成立した。

　そして，学校制度も1886（明治19）年には義務教育の発展として中学校令，師範学校令，帝国大学令，1894（明治27）年には初等・中等学校に続く段階の教育として高等学校令（官立で男子のみ）が公布され初等教育から高等教育まで一貫したエリート養成の学校制度が整備され，近代学歴主義社会が確立していった。特に，中学校への進学はエリートとして社会的地位を得るエレベーターであることを認識した庶民たちの中学校への進学競争は激烈な学歴主義を生み出した。創設時の旧制中学校数は各都府県1校であったが，明治30年代には全国1,000校あまりに急増した。上級学校を目指した進学競争は激化し，「受験地獄問題」として帝国議会で問題になるほどであった。このようにして効率のよい授業と高い水準の教育を実現し，先進国の仲間入りをした。

3　外国から見た日本の教育の特徴

　2021（令和 3）年の中教審答申は「日本型学校教育」の特徴を，「学校が学習指導のみならず生徒指導等の面でも役割を担い，知・徳・体を育む教育」であるとして「教育機会の均等と質の高い学校教育が可能となり，諸外国から高く評価されている」と総括した。一方，戦後，外国から日本の教育の特徴を調査した報告書も三つあり，報告書はどのように日本の教育の特徴を分析したのか見てみたい。

　一番目は，1947年に連合国軍最高司令官総司令部（GHQ）の下で作成され戦後の日本教育再建の教育方針となった「アメリカ教育使節団報告書」（村井全訳解説，1979）である。この「報告書」は戦前の天皇の教育勅語に基づく前近代的な臣民教育を批判し，戦後教育は，天皇の勅令に基づく 19 世紀型中央集権の教育制度を根本から改革しなければならないと新方針を示した。詳細は後ほど触れたい。

　二番目は 1971年日本の高度経済成長からの転換期に当たり，OECD に調査依頼した「日本の教育政策」と題する日本教育の実態報告である。調査では日本の初等教育からは学ぶべき点が多いとしながらも，「日本の教育は過度な中央集権主義」で「標準化され，画一的であり，過酷な大学入試試験が行われている」と報告し，ウイリアム・ベネット長官は「日本の学校は教育目的についてはっきりした考えを持っている。学校は人格完成，体育の増進の場であり，立派な態度を身に付け，集団やクラブ活動など課外活動を行う場である」（文部省編，1992）と総括している。

　三番目は，1987年に報告された「相互にみた日米教育の課題」で日米共同研究である。この調査は，日本の教育の実態と問題点を包括的にとらえ，「日本型教育」の特徴を浮かび上がらせた記録である。報告書は日本の教育の際立っている点として，「日本社会は極めて教育志向が高く，学校の勉強で成功することはとりもなおさず人生で成功することだと考え」そのため，「良い成績を

収めるようやる気を生徒に持たせ，効率的な学習習慣を身につかせ，効果的な学習環境を維持し，学級活動は生徒を集団活動へ促し，集団活動を通して調和のとれた人間関係を形成し，すべての児童の持つ可能性に高い期待をかけ，勤勉さと努力と忍耐力を育てる教育の姿勢を持っている」と分析している。課題として，「硬直性，過度の画一性，選択の幅が限られている，個人のニーズや差異が重視されていない」と述べる（天城編著，1987）。

　以上海外の報告をもとに「日本型学校教育」の特徴について見てきたが，「効率的で画一的な学習習慣を身につかせる」という「日本型学校教育」の授業の原型は戦前から形成されたものであり，明治時代の授業の源流について遡ってみたい。

4　明治に遡る日本型授業のルーツ

　外国の報告書が指摘した「標準化され定型的で画一的な授業」「効率的な学習習慣」は明治時代に遡るものである。明治20年代に導入されたドイツのヘルバルト学派の授業理論と国定教科書によるカリキュラムモデルとが合わさって定着した義務教育の画一的な授業形式を「公教育授業定型」と呼び，今日の公教育授業の原型を明治の公教育授業実践の定型モデルがルーツであると分析したのは稲垣忠彦である。明治期の授業定型化は天皇の教育勅語による勅令主義の中央主権的な教育体制の下で，成立し定着したものであった。ヘルバルトの授業理論が明治20年代に輸入され，ヘルバルト学派の弟子のラインたちによって５段階の授業過程が形式化された。ラインは授業過程を「予備」「提示」「比較」「総括」「応用」と改良し，この５段階教授法が機械的に適用され日本的に変質し教育理論・教育実践として定着した。その流れは，1892（明治24）年，小学校教則大綱の成立により，国家から全国津々浦々の学校へ「教則」として公布され，校長から教師へは「教授細目」として連絡され，教師は「教案」に反映するという関係が成立した。教育実践は国家の基準から「実践者である教師に一方的な態度が強制され，実践から理論・内容の発展に関する可能性が封じ込

められ」（稲垣，1982）ることになった。定型化された授業は，授業モデルとして提示され，国定教科書など国家統制のもとで行われる授業の規範的形式として普及した。教育界では天皇の教育勅語の体制に包括された中で，国定カリキュラムに基づく教授の範囲内で近代科学の知識・技能を伝達する教化中心の授業が定着した。稲垣は，定型化された授業方法は公認的な授業理論として明治・大正・昭和30年代まで学校現場で見られ，1970年代においてもテストなど受験体制の中で定型化授業が温存されたと分析している。

5　アメリカ教育使節団報告書から始まった戦後教育期

　それでは次に，戦後の「質の高い日本型学校教育」はどのように構築されたのか。それは，3で先述した連合国軍最高司令官総司令部（GHQ）の下で作成された「アメリカ教育使節団報告書」を踏まえて，「教育刷新委員会」など日米の教育関係者たちの協力により作り上げられた教育基本法の理念の下に誕生した教育である。「アメリカ教育使節団報告書」は，「日本の超国家主義，軍国主義がなくても日本の画一的詰め込み主義の19世紀型中央集権的教育制度は改革されなければならなかった」，「受験と暗記の教育は批判力を奪い，国家に身を任す教育に陥るものである」（村井全訳解説，1979）との批判を踏まえて，新しくデューイ（Dewey, J）の経験主義教育を導入した。戦後は平和主義・国民主権・人権尊重の新しい憲法が公布された。この憲法の理念を踏まえて教育の理想を実現するための教育基本法が公布され，戦後教育の目的を「豊かな個人の人格の完成」とした。学校制度も戦前の袋小路の複線型の学校制度を改め，平等に大学まで進学できる教育の機会均等の制度が保障され，6・3・3・4制の単線型の教育制度が導入された。戦後の教育は，教育基本法の「人格の完成」を一貫した理念として掲げつつ，教育方針は，文部省（現文部科学省）から告示される学習指導要領（保守政治体制が確立した55年体制に対応して，文部省の指導が確立したのが58年体制）に法的に拘束された。戦後は経験主義，系統主義，能力主義の教育等，時代の変化や子どもの状況，社会の要請から定

例的に改訂され，学習指導要領は概ね10年に1回ごとにモデルチェンジされた。この定期的な改訂は，諸外国のように政権移転がなく，保守党が政権与党として一貫して政権（55年体制）を担うことによって安定的な実施が可能になったのであろう。

6　日本型教育の成果とポストモダンの教育

（1）人間の能力開発と能力制御の教育を……………………………………

　さて，それでは21世紀の現在，令和の時代，2020年代以降の教育はどうあればいいのであろうか。まず21世紀の現代が「モダン」（近代）の時代を経て「ポストモダン」（近代後）の時代に入り，歴史的転換期を迎えたという認識を持つ学校教育へ転換することである。「モダン」の時代の教育とは，「創造性開発」「人材養成」「能力伸長」という目的を目指した時代であった。科学技術を発展させれば人類は幸福になれると考え，人間の能力を際限なく開発する教育を行ってきた。これに対して，現在の社会を「ポストモダン」ととらえるのは，東日本大震災の原子力発電所事故や地球温暖化，自然災害に見られるように，地球上の自然や命に大きな影響を与える問題により人類滅亡の危機に陥る事態が出てきたからである。これからの教育は「人間の能力開発だけを追求するのではなく，能力制御をもあわせて追及しなければならないという事態に，人類史上初めて直面する時代に入った」（安彦，2022）と言える。その意味からも令和の時代の教育においては，人間の能力開発と同時に人間の能力制御の教育を行わなければならなくなった。パンデミックの世界的流行や持続可能な地球社会の発展の在り方を求めて，世界の相互依存は強まり，疫病や戦争や大震災・気候変動等の地球環境問題など越境的課題で相互協力が一層必要な社会になりつつある。世界の政治経済地図の転換の中で生きていくことになる日本の若い世代は，国家間の競争・反目・戦争をするような姿勢を「制御」しお互いを助け合い，国連のSDGsの推進など人類全体が持続的な生存を可能にする新たな教育が求められている。人類が持続的に生存していけるように教育にお

いても，合理的な分析力や構想力を身に付け，国連・世界各国・地域や市民と協力し，世界や日本の未来を「制御」しながら築いていく責任が「公教育」である学校教育に求められる時代に入ったという認識を深めたい。

（2）「開・示・悟・入」の教育と「個別最適な学び」のブラッシュアップ

　次に具体的教育課題であるが，2021（令和3）年中教審は冒頭で述べたように「全ての子供たちの可能性を引き出す個別最適な学びと，協働的な学びの実現」が求められると答申した。「個別最適な学び」は経済産業省の「未来の教室」ビジョン（2019年）の「学びのSTEAM化」「学びの自立化，個別最適化」「新しい学習基盤づくり」の提言の影響を受けて答申された。中教審の「個別最適な学び」の提言について，奈須正裕は「指導の個別化と学習の個性化は40年も前に加藤幸次が考えた概念であり，梶田叡一もブルームの完全習得学習を個別化により学力保障を進めた，昔から取り組んできた延長戦でしかないがブラッシュアップの機会ととらえ」（奈須，2022）取り組む機会にしたいと述べている。

　ところで，コロナ禍における臨時休校や学級閉鎖は，子どもたちの学習やメンタルヘルスに大きな影響を与えた。2021（令和3）年度全国の小中学生の不登校者数が24万4,940人と過去最多になったことが文部科学省から発表された。不登校の理由は，「無気力」「不安」が半数を占めると分析されている。コロナ禍による子どもたちの学習への影響に関するいくつかの調査結果を見ても，「学習機会が減少し」「学習意欲が低下」し，「学力が低下した」と報告され，これまでの自己学習能力の育成が十分でなかったことをあらわにした。この実態からも，今後とも自己学習能力を育成することが喫緊の課題であり，それゆえ「一人ひとりにとって最も適した学び」を実現する「個別最適な学び」は今こそブラッシュアップしなければならないのである。今回の中教審の「個に応じた教育」に経済産業省の影響があったとしても，2017年学習指導要領の目的として「学びに向かう力，人間性等を涵養すること」が掲げられているのであるから，改めて自己調整能力を高め，自己学習力を育成する学習を促進することの重要性を確認する機会にしたい。

　また，子どもたちが学習を通して到達すべき学習能力の系統を教育目標の分類学（タキソノミー）として体系化したアメリカのブルーム（Bloom, B. S.）たちの理論を1970年代に日本に紹介した梶田叡一は，80年代には大乗仏教の法華経の経典から東洋や日本流に発展させた「開・示・悟・入」のタキソノミーの理論として提案しているが，いま改めて「開・示・悟・入」の日本流のタキソノミーに基づく教育の理論を想起して教育活動を組み立てたい。梶田は「開・示・悟・入」の教育論を導入する理由として，「日本流の学校教育の弱点として，明治以来先進国に追いつくためひたすら教え『示』す教育（知識・技能）ばかりが肥大化して独り歩きし，その前提である目を開かせることや心を耕す『開』の教育も，自分なりに納得するまで『悟』らせる教育や，人格の一部になる『入』の教育がほとんど省みられてこなかった」（梶田，1983, p.156）教育を改革しなければならないからであると提言している。今一度，日本に定着したアメリカ流のタキソノミーを日本流の「開・示・悟・入」のタキソノミーに転換し，「個別最適な学び」をブラッシュアップしたい。2013（平成25）年には障害者差別解消法が制定され，合理的な配慮をしなければならないことが定められた。また，近年特別支援教育が進み個別支援計画が必須の課題になってきたので，改めてすべての子どもたちのため，「個別最適な学び」を「ブラッシュアップ」する促進の機会になったと受け止めたい。「個別最適な学び」と「協働的学び」について，答申が「『個別最適な学び』が孤立した個人の学びに陥らないよう探究的な学習や体験活動を通じ，子ども同士の『協働的学び』を充実すること」，学習意欲の低下や学習成果の格差が広がりつつある現状で，今以上に格差が拡大しないよう，一人ひとりの子どもたちにとって最も適した学びが実現するよう創り変える努力をしたい。

（3）Society5.0 時代を見据えた取組 ……………………………………

　パンデミック宣言が2020年3月，WHOから宣言され，教師たちには子どもたちのいのちと学力・成長をいかに支えるかという難題が背負わされた。そのため，文部科学省のGIGAスクール構想はオンライン授業により一気に前倒し

されることになったが，環境が整わない学校や家庭には大きな混乱と格差が表れた。2021年の中教審答申では，コロナ禍における「学校の臨時休校中，子供たちは学校や教師からの指示・発信がないと『何をしてよいかわからず』学びを止めてしまう実態が見られ，自立した学習者を十分に育てられていなかったのではないか」という指摘もあり，情報化が加速度的に進むSociety5.0時代においては，GIGAスクール構想による一人一台端末や高速大容量のネットワーク環境の効果的な活用が強く望まれていると課題として提案した。大人にとってパソコンが文房具であるように，子どもたちにも汎用的な学習文具として活用できるように環境整備を進めることが必要である。上記のようにコロナ禍における学校での一人一台端末の未整備による学校や家庭での混乱や格差をなくし，すべての子どもたち一人ひとりが自立した学習者になれるよう環境整備を等しく整えたい。

（4）不登校問題と「新しい公共」の構築を……………………………………

　前述のように不登校だった児童生徒が2021年度には前年度から2割以上増え，24万4,940人と過去最多になった。コロナ禍が子どもたちの心身や交友関係に影響を与えたとみられるが9年連続の増加である。不登校の子どもたちが教育の機会を失わないため，学校以外の夜間学校やフリースクールで学び，教育機会をいかに確保するかが喫緊の課題になってきた。2016（平成28）年には，「義務教育の段階における普通教育に相当する教育の機会の確保等に関する法律」（教育機会確保法）が施行された。この法律により，不登校の子どもたちが教育の機会を失われないため，学校以外の夜間学校やフリースクールで学び，教育機会の確保をすることが地方公共団体の義務になり，これまでの共通の場による義務教育から，多様性を含む「新しい公共」の義務教育へ転換していく可能性が生まれた。従来の公立校，私立校に加えて，新しい夜間中学校やインターナショナルスクールやフリースクール（オルタナティブスクール）による履修が可能になった。今後の学校教育は，多様な学びの場を認め，子どもたちの個別の教育ニーズへ対応する新しい要請と，これまでの共通の教育の場における

学力と成長の保障という理念の接合を創造的に図っていかなければならない。今後も「日本型学校教育」を維持していくには，課題として21年中教審答申が「子どもたちの多様化，教師の長時間勤務による疲弊，感染症等直面する課題を乗り越え，Society5.0 時代を見据えた取組を進める必要がある」と展望したとおりである。たしかに，OECD が 2000年代に入り 3 回にわたって教師の専門性とその課題を国際比較調査した「国際教員指導環境調査」（TALIS）でも，日本の教師は週労働時間が国際平均40時間と比較しても 58時間と最も多く，その上授業の準備に充てる時間が国際平均20時間を下回る結果であり，「教科教育を教えることに自信がない」という割合が最も多いという，日本の教師の専門性が国際的な実態として報告されている。日本の教師が学習指導のみならず生徒指導等の面でも役割を担い，「知・徳・体を育む日本型学校教育」を実現し，諸外国から高く評価されてきたとしても，働き方改革を一層推進し，教師の専門性を高めるためにも，改めてこの「日本型学校教育」の意義や大胆にリニューアルするべき点について，学制150周年を機に改めて検討しなければならない時期を迎えた。

文献

安彦忠彦『来たるべき時代の教育と教育学のために』教育出版，2022，p.5

天城勲編著『相互にみた日米教育の課題』第一法規，1987，pp.94-95

中央教育審議会答申「『令和の日本型学校教育』の構築を目指して」2021

福沢諭吉『学問のすすめ』岩波書店，2022，p.11

稲垣忠彦『明治教授理論史研究』評論社，1982，pp.182-183

梶田叡一『教育評価』有斐閣，1983，p.156

文部省編『学制百二十年史』ぎょうせい，1992

村井実全訳解説『アメリカ教育使節団報告書』講談社，1979，p.27

奈須正裕「第2章〈インタビュー②〉コンピテンシーからコンテンツを整理し，行政はその支援を
　　　——カリキュラム研究の立場から奈須正裕・上智大学教授に聞く」渡辺敦司『学習指導要領「次期
　　　改訂」をどうする』ジダイ社，2022，p.95

特集◎令和の教育課題──学制150年を踏まえて

●

教育の近代化と日本人の感性

●

湯峯　裕○ゆみね　ひろし

はじめに

　学制が発布された明治5（1872）年は，近代日本への歩みの音が響いていた。明治4年（1871）に断髪令，明治5年9月に横浜でガス灯が設置され，10月新橋と横浜間に鉄道が開通，さらに富岡製糸場が操業，同年12月に旧暦（天保暦）が廃止され明治6（1873）年1月1日となって新暦（グレゴリオ暦）に切り替わるなど，後年に福澤諭吉が名付けたと言われる「文明開化」を象徴する出来事が立て続けに起こっている。そんな国づくりの思いが学制にも現れている。福澤が『学問のすゝめ』の初編を出版したのも同年であり，明治元年には『訓蒙 窮理図解』で「西洋人の笑資」（福澤，2002a，p.2）にならないように「徳誼を修め知識を開き，精心は活発，身体は強壮にして，真に万物の霊たらしめんことを勉むべし。」（福澤，2002a，p.4）としている。さらに翌年には『世界国尽』と続き，共にコメニウスの『世界図絵』やデカルトの『方法序説』の一連の著作を連想させる詳細な絵入りで著している。

　学制では，大学区，中学区，小学区を定めて53,760校の小学校を作る（翌年には一部修正）という壮大な構想が展開され，新しい国づくりに向けた意気込

みが感じられる。それはさらに，明治12（1879）年の教育令，同19（1886）年の小学校令と修正や変更を加えつつ教育の基礎としての小学校に特に焦点が当てられるようになる。地方自治制度がかなり整備されてくるのに合わせて，明治23（1890）年には改めて小学校令が公布される。その第1章第1条では「小学校ハ児童身体ノ発達ニ留意シテ道徳教育及国民教育ノ基礎並其生活ニ必須ナル普通ノ知識技能ヲ授クルヲ以テ本旨トス」^{（注1）}と小学校教育の国としての目的が明記された。こうして日本は近代化の道を歩み始めた。だがその一方で明治維新以降で捨ててきたものもある。学制発布150年にあたって，その教育史的価値は他の論稿でも多く語られると思うので，本稿では別の面から考えてみる。

1　近代化＝西洋化の国づくりと小学校教科書

　強大な西洋諸国の姿を前にしてあるいは実際に現地を見て，一刻も早く西洋に追いつかないと自国の存続が危ういと考え，国の改革と国民の生活の向上のために全てにおいて西洋化を目ざしたのは当然のことであり，それを否定できない。事実，アジアの諸国が植民地化される中で，日本は独自の道を歩んでいき産業の近代化に成功している。だが，伝統的な文化を捨ててきたのも事実である。江戸時代の寺子屋での今でいう異年齢集団での個別指導は単一年齢の集団指導へと変革され，内容においても『論語』等の学びは当初は一掃された。音楽教育においては，西洋の音階が導入されて日本の伝統的な音階に触れることが少なくなり，楽譜は五線譜となって今の時代のほとんどの人は伝統音楽の楽譜を読めなくなった。先にあげた明治23年の小学校令の第1条については，これによって「ここにおいて小学校体制を確立する諸方策が実施され，急速な国家の進展に伴い，国家永遠の基礎を固める意図をもって普通教育が完成され，尊皇愛国の志気を発揚し，実業を励み素行を修め忠良の臣民とすることに小学校教育の目的が置かれたのである。これは当時における小学校教育の方向を決定した重要な教育方策であったが，これらによって学校の外面的な形を整えたばかりでなく，教育の内容に関して積極的な方策がとられ，教育の国家統轄を

しだいに完成したのである。」という指摘もある^(注2)。それはまだまだどちらに向くかの模索が続く国づくりから，一定の方向性が固まってくる国づくりへの転換点でもある。

　小学校の教科書にもその姿をたどれる。当初は『学問のすゝめ』が採用されるなど自由選択であった教科書が，届出制への変更を経て明治19年の小学校令からは検定制になり，さらに同37（1904）年からは国定制度となっていく。それに合わせるかのように，国語教育においては言語を国家として統一することを目ざしていくことになる。それまでは共通の言語としての日本語というものはなく，それぞれの地域の生活感覚に根ざした方言としての言語であった。それに対して，国民として共通の教養と言語を持つためには思い切った教育の刷新が必要であると考えられた。子どもたちが家庭等の日常生活で使っている話し言葉を学校では矯正された。それが日常の言葉の変化にまで及ばなかったのは，共通語化が教室をあるいは学校を出るほど浸透しなかったからであろう。明治37年の小学校令改正に伴う初の国定教科書である文部省著作『尋常小学読本』いわゆる「イエスシ読本」は，音韻の発音矯正の意図が込められたもので学校教育によって共通の発音に揃えようという思いが見える。地方によって発音が明瞭でなくかつ共通しない音の代表として「イエスシ」の4語を取り上げて次代を担う子どもたちの発音を矯正しようとしたのである。「尋常小学読本編纂趣意書」^(注3)には「本書ハ発音ノ教授ヲ出発点トシテ児童ノ学習シ易キ片仮名ヨリ入リタリ」（p.50）とあり，さらに「発音ト文字トノ習得ヲ並行セシメ初ハ訛音矯正ノ便ヲ図リテ排列シタリ即チ東北地方ニハ」以下，東京地方，九州地方の例示に続いて「文字トソノ音ヲ含メル模範語」の習得に努めることが示されている（p.52）。こうして言語の共通化と統一が進められていく。

2　西洋化の中での知識人の苦闘

　日本中どこでも共通に理解できる言語を普及しようとする明治政府の思いが初の国定教科書から伝わってくる。同時に西洋化を急ぐ政府の政策と日本文化

の中で暮らす人々との間の文化的軋轢の象徴でもある。そんな軋轢の中の煩悶を夏目漱石は書き続けた。森鷗外が，西洋医学を学び子どもには西洋風の名前をつけながら，自宅で歌会を催すなど日本人の心性を追い求めてやがて完成された歴史小説を発表していくのとは対照的である。大正3（1914）年に学習院で行われた夏目の講演録である「私の個人主義」には，他人から与えられた尺度でものを判断することすなわち「他人本位」の愚かさを嘆き，自分が納得できる自分自身による判断を求めていく「自己本位」の生き方を聴衆の学生たちに語りかける姿がある。明治26（1893）年に帝国大学を卒業して高等師範学校の教師となりその後松山の中学校，熊本の第五高等学校と勤め，明治33（1900）年に英国留学となる。その間の事情は「私の個人主義」に詳しい。当時は最先端ともいうべき英語を学ぶ自分と府立1中（現日比谷高校）を中退後兄に隠れて二松學舍に通って漢学を学んでいた自分との葛藤があったのだろう，「私は始終中腰で隙があったら，自分の本領へ飛び移らう飛び移らうとのみ思ってゐたのですが，さて其本領というのがあるようで，無いようで，何処（どこ）を向いても，思ひ切つてやつと飛び移れないのです。」（夏目，1995，p.592）と述べている。鎌倉の円覚寺に通ったのは就職直後だと思われる。悩みを抱えたまま英国に留学し煩悶を抱えたまま帰国するが，その苦しみに向き合うことで自分の生き方のきっかけを掴んでくる。それが「自己本位」である。「風俗，人情，習慣，溯（こ）つては国民の性格皆此矛盾（西洋のことを学びながら西洋の価値をそのまま受け入れられないこと：筆者注）の原因になつているに相違ない。それを，普通の学者は単に文学と科学とを混同して，甲の国民に気に入るものは屹度（きつと）乙の国民の賞讃を得るに極つてゐる，さうした必然性が含まれてゐると誤認してかゝる。其所（そこ）が間違つてゐると云はなければならない」（夏目，1995，pp.594-595）。帰国当時ではそんなに整理された心情ではなかっただろうが，12年後のこの強い表現には彼の決意が現れている。

　漱石が参禅していた少し前に，郷里の友人である鈴木大拙とともに円覚寺を訪れたのが文科大学選科生であった西田幾多郎である。西田もやがてフランスのベルクソン等に学びながらも彼独自の考えを深めていく。漱石同様に自分の

納得を突き詰めていく。西田の思想を解くキーワードの一つが「純粋経験」であるが，自分を取り巻く世界に対した時，主観と客観で言語化する西洋哲学ではとらえきれないものがあるとして，独自の世界観を追究していく。その心理主義的な点を当時のカント系の人々から批判されながらも，自分の納得をどこまでも求めていく。『善の研究』の第1章は「経験するといふのは事実其儘に知るの意である。全く自己の細工を棄てゝ，事実に従うて知るのである。純粋といふのは，普通に経験といつて居る者も其実は何等かの思想を交へて居るから，毫も思慮分別を加へない，真に経験其儘の状態をいふのである。」（西田，2003，p.9）と丁寧な自信に満ちた語りで始まる。西田は批判には誠実に応え，「純粋経験」を言語化することによってその経験のいくぶんかは言語によって代表されえず剥落していくことについて悩みつつ，対象世界と自己との関係を突き詰めていく。ここがおそらく漱石と相通じる煩悶であろう。漱石は作品で言語に向き合い，西田は言語そのものと対決していく。

3　西洋化では置き換えられない日本人の心性

　目の前の世界を見る時，人はまず対象そのものと向き合う。それまでに体験したことのないような素晴らしい芸術や自然に出会った時，何も言えないような言葉にできない何かが体全体を通り抜けるような感激がある。やがてそれを人は言語化して整理していくのだが，その感激の全てを言語化できるのではない。言語は体験の一部を代表して整理しているだけである。代表から抜け落ちた何かが残っている。文化とはこの抜け落ちた何かをも含んで人に問いかけてくる。目の前の世界を客観的，数量的に分析・判断していくのが合理的で科学的なものの見方であり，対象を「もの」としてとらえる。それに対して文化は目の前の世界を直感的，情感的に共感して自分に取り込むのであり，対象との関わりを「こと」として取り込んでくる。それゆえに生まれ育った環境で身体に染み込んできた文化的な感覚は，すべてが言語によって対象化できるものではない。言語化できないために意識の表面に現れてこない部分もある。それを

明治維新以降の近代化によって学ぶ西洋の文化は，まず言語から入るために「もの」としての合理的で科学的なものの見方として日本人に取り込まれ，意識下にある「こと」としての文化的で共感的な感覚と衝突を起こしてしまう。それは言語だけでは容易に解決できない葛藤となってしまうのである。明治から大正期の文化人の煩悶の原因の一つはここにある。それを乗り越えるには，意識下にある自分の身体に染み込んでいる「こと」の世界と，言語化して新たに取り込んだ文化の言語の世界とを，なんとか擦り合わせるしかないのである。西田はこの苦闘を粘り強く日本文化の側から続けていった。

　さらに，その意識下の「こと」の世界を誠実に織り上げていったのが折口信夫である。日本人は海や山に向かった時に，そこに何か特別な力を感じる。これとは特定できない言語化できない何かであり，威圧するとともに包み込まれるような感覚も与えてくれるある力である。それを畏れと言った。畏れとは恐怖ではない。大きな力に身がすくむような思いがあるとともに包み込まれる安心感が同時にある感情である。折口は海からやってくるこの力を「まれびと」とした。これについては研究の視点の違いからやがて柳田國男と意見の分かれるところであるのだが，折口の「まれびと」は日本人の自然そのものに対する信仰の姿であり，それによって日常の暮らしの安心を得ていた。その安心に大きな揺らぎを与えたのが明治になってからの近代化＝西洋化である。自然と一体化した日本的思考に対して，神の視点から自然を客観化して支配する西洋的視点を取り込むことが持ち込まれてしまったのである。それでも初めのうちは一般庶民に政府の施策が直接及ぶこともなく，先に見た国定教科書のねらいも教室を出て広まらなかったのであるが，直接その変化に接する知識人層には耐えられない動揺を与えたのである。その中で，アニミズム的とも言える日本人の自然に向き合う感情から日本人の心性を解き明かしていったのが折口である。明治の急激な変化の中で今でいう高校や大学の時期に悩みに向き合った先の漱石や西田に対して折口はひと世代あとになるのであるが，神社や寺院あるいは『万葉集』などの古典に親しんで，医学の道に進むために上京したはずが急に國學院大學の予科に入学先を変更して彼は自分の心に向き合った。

4　現代の教育にほしいもの

　漱石は何事も西洋を向いてその価値観に従うことへの疑問と反発に苦しみ，西田は自己を中心に世界を分析して世界を物のように扱う西洋的な認識に対して世界と一体化する世界認識を考え続けた。教育における西洋化についてもやがて教室に加えられる力が大きくなっていくのであり，それは伝統的な日本人の感覚を塗り替えようとする力であった。その変遷をまとめるには筆者の力が足りないので省略するが，ただ一例を挙げるならば，教科書を通じた統制の強化ははっきりとしている。小学校国語教科書の変遷を辿るだけでも，日露戦争以降は国家の影が濃くなっていき，昭和20年の終戦まで続く^(注4)。教科書を通じての統制に子どもたちは素直に従っていく。そこには西洋に対する日本の優位性を示そうとする国家の姿勢もあった。漱石も西田も西洋に対する日本的な視点を追究していったのであるが，彼らが考えていたのは西洋に対する優位性ではない。漱石の「自己本位」は他者の「自己本位」も同等に認めてこそ成り立つものであり，西田が日本的な自己認識を追い求めていったのも西洋の自己認識を否定するのではなく対等に認める姿勢の上にあった。

　現代では日本の優位性をことさら強調することはないが，現代の教育に不足している点は，日本人が本来持っている自然との一体感からくみ取る感性に働きかける教育であると筆者は考えている。人々は国家の統制のもとにあっても日本優位の意識に全て塗り替えられていったのではない。人の日常生活の意識は実は言語によってでは変え難いものがある。自然に対する畏れは言語を超えたものである。日本人が朝日や初日の出に頭を下げるのは，夕日の向こうに阿弥陀如来の極楽浄土を見て頭を下げるのとは全く違う。我が身を守ってくれる何かの力に感謝をしてこれからの幸せを願うという素朴な思いからである。自分たちを守るこの力を表現する言葉がなくそれでも何とかして記号が欲しいと思い，人々はそれを「神様」として表現した。しかしこれは，キリスト教における神でも仏教における仏でもない。表現する言葉がないから「神様」とした

だけなのである。だから信仰ではあるが宗教ともいえない信仰であった。教育という言葉の世界からの統制に絡め取られながらも，実は人々は生活の本音の世界で昔ながらのどこからともなくやってきて自分たちを守ってくれる力に対する信仰を守り続けてきたのである。近代になってこの言語を超えた思いを神道という語によってまとめ上げて国家の秩序に絡め取ろうとした。それゆえに現代においてはこの信仰ともいえない心性を教育の場に取り込むことに対する忌避感が根強くできてしまった。

　しかし，その現状を乗り越えて，言語の学びが強く押し出されコミュニケーション能力が強調される現代においてこそ，言語を超えた静かな時間を教育に取り込む必要があると考える。決して言語力の育成に対置する意図ではない。その必要性は言うまでもない。ただ，それがあまりに強調されるがゆえに，さらに最近のICT化の急速な進行がそれを後押ししているがゆえに，子どもたちをあまりにも忙しく急き立てている傾向は否めない。そこに静かな時間を取り入れたい。現代においてその自然に向き合う心性そのものが消え去りつつあるように思われているが，日本人の歴史的な心性については実は意識しないままに心の奥底で受け継がれている。日本文化に関わる授業で学生に尋ねてみると，確かに伝統文化に触れる機会が少なくなって知らないことが多いのだが，お正月には初詣に行き初日の出に手を合わせる。月がきれいな時はじっと空を見上げるし，海や山に向かった時には落ち着いた心になるともいう。SNS等によるデジタル化された世界では，言語が一元的な記号となって多層的な意味の世界が失われ，言語を超えた世界が消滅しつつあるように見える。教育の世界でもデジタル化が進むことで，幅の広い意味の多層性が持つ温もりが人の心に与える安心の世界を失くしつつある。しかし，それでも心の底には言語に置き換えられない何ものかを保持したままであり，それは言語によって上書きできるものではない。それが文化的な基盤である。

　そのことは日本だけに限ったことではない。多文化共生を言われながらも文化間の軋轢が絶えないことの原因の一つがここにある。人は無意識のままに受け継がれてきた文化的な感性を抱えている。この文化の基盤からものをそして

世界を見ている。そのそれぞれの文化の視点から世界を見るために，それぞれのバイアスを持って世界を見て世界に発信する。他国との文化的な摩擦や軋轢はここからきている。多文化共生が言われる現代において，他文化の理解が困難な原因はこの言語を超えた世界の交流の難しさにある。その交流の困難さを乗り越えるためにも自分自身の文化の基盤に向き合うことが今こそ必要なのである。西洋とは世界を見る視点が違う日本においては特に大切であり，西洋世界の視点が中心の現代世界に生きるためには，西洋化だけに偏らずに自分たちの持っているバイアスを自覚する教育が肝要なのである。相互理解の困難さを露呈している現状を打開する一歩，ごく僅かの小さな一歩であるが，この一歩が必要であると考える。

おわりに

　学制発布150年の教育の歩みを振り返ることの意義は大きい。それが日本の近代化を導き発展と安定を築いてきた。その中で小学校国語の教科書に注目をしてみた。そこから日本の西洋化の負の面についてあえて考察をした。主観と客観の関係のもとで世界を分析して対象化していく西洋の視点に対して，実は日本ではそれに馴染まない主客の一体化した世界観があることを，夏目漱石や西田幾多郎あるいは折口信夫に触れながら確かめた。そして教育の世界ではその日本的視点あるいは日本的感性が忘れられている。世界の中に位置づく日本の国づくりを支えるための教育を進めていくことは何よりも大切なのであるが，そこにこの忘れられつつある主客の一体化した世界観つまり自然と一体になった安らぎのある教育も取り込んでいきたい。そんな静かな時間を作ることで子どもたちの深い安心感を生み出し，さらにそれによって自分たちがよって立つ文化的基盤を感じ取って，そこから異文化との対等な交流が生み出せるようにしたいと考えている。

注

1　文部省編集『学制百年史』「一小学校令の制定：明治二十三年の小学校令」1981

https://www.mext.go.jp/b_menu/hakusho/html/others/detail/1317616.htm

2　同上。これは『小學校令案』をも参照した上での評価であろう。

https://www.nier.go.jp/library/rarebooks/seido/370-3/370-3_normal.pdf

　そこには「特ニ德義教育及国民教育ノ基礎并国民タル者ノ生活上ニ必須ナル普通ノ知識技能ヲ以テスルヲ本務トスル」ともう一歩突っ込んだ表現になっている。

3　文部省『国定教科書編纂趣意書』1904

https://dl.ndl.go.jp/info:ndljp/pid/810123

4　大田勝司「近代日本の教科書のあゆみ　国語」滋賀大学附属図書館編『近代日本の教科書のあゆみ―明治期から現代まで―』サンライズ出版，2006，pp.22-29

https://shiga-u.repo.nii.ac.jp/?action=pages_view_main&active_action=repository_view_main_item_detail&item_id=13053&item_no=1&page_id=13&block_id=21

引用・参考文献

福澤諭吉著，中川眞弥編『福澤諭吉著作集 第2巻 世界国尽 窮理図解』慶應義塾大学出版会，2002a

福澤諭吉著，小室正紀・西川俊作編『福澤諭吉著作集 第3巻 学問のすゝめ』慶應義塾大学出版会，2002b

夏目金之助「私の個人主義」『漱石全集 第16巻』岩波書店，1995

西田幾多郎著，竹田篤司ほか編集「善の研究」『西田幾多郎全集 第1巻』岩波書店，2003

折口信夫著，折口博士記念古代研究所編纂「古代生活の研究（常世の國）」「「とこよ」と「まれびと」と」『折口信夫全集第二巻』中央公論社，1965

特集◎令和の教育課題——学制150年を踏まえて

●

「未来人材ビジョン」の先にある人間教育

●

鎌田　首治朗○かまだ　しゅうじろう

1　「未来人材ビジョン」とは

　「未来人材ビジョン」(経済産業省，2022) は，今後の教育のあり方を国レベルで示した最新のものである。といっても，それは文部科学省発ではなく，経済産業省が今後の人材政策などを検討するために設置した「未来人材会議」が，2022年5月末に公表したものである。

　「未来人材ビジョン」は全部で109ページ，「1．問題意識」「2．労働需要の推計」「3．雇用・人材育成」「4．教育」「5．結語」からなる。データ資料が多く示され，各ページの文字数がこの手の文書にしては極めて少なく，シンプルに仕上げられている。そして「今回の『未来人材ビジョン』は，最初の出発点であり，関係者の議論を喚起するためのものでもある。前半で示した雇用推計の結果が，それぞれの産業や職種において，組織内の雇用制度や業界の人材育成の在り方に関する議論に一石を投じることになれば，幸いである」(p.106) という意図をもって構成されている。

2 「未来人材ビジョン」にある危機

　全体を読むと，そこには我が国の，ある意味待ったなしの危機的現状が記されている。

　米国が（AIによる：鎌田）自動化によって労働市場が両極化していること（p.5），日本でもその兆候が確認できること（p.6），我が国の生産年齢人口が2050年には現在の3分の2に減少すること（p.9），2030年には日本の至る所で外国人労働者（傍点：鎌田）が不足すること（p.10），日本が高度外国人から選ばれない国にすでになっていること（p.11）等がそれらである。

「低下」と従業員エンゲージメント……………………………………
　「未来人材ビジョン」は，日本の「低下」をデータで指摘する。

　日本の人材の競争力は2013年には27位であったものが2021年には39位になっている。ちなみに中国は48位から36位となっている（p.41）。

　その中で，東証一部上場企業の合計時価総額は，2020年4月にGAFAM5社に抜かれ，その後差が開きつつある（p.48）。

　そして，日本の国際競争力は，この30年で1位から転落した。なんとその順位は，今や31位である（p.49）。

　低下した日本には，上がらない給与問題が生まれている。

　日本では高給の日本企業の部長の年収が，シンガポール，米国より低く，タイよりも低い。タイの部長の年収の半分ほどが日本企業の部長の年収になっている。最近でこそマスコミが取り上げるようになった増えない給与という我が国の問題点が，ここにも色濃く現れている。

　しかも，部長に昇進する年齢が日本は遅く，44.0歳。対して，タイは32.0歳。ちなみに米国は37.2歳，中国は29.8歳である。

　もちろん，日本企業の部長の年収は国内においては高給である。「低下」と上がらない給与問題が生み出す実際の深刻な貧困は，ここでは述べられていない。

「未来人材ビジョン」では他にも，海外に留学する日本人の数は減り（p.42），海外で働きたいと思わない新入社員が増えている（p.43）ことなど，働く人間のあり方に関わることが多く述べられている。しかし，「企業は人に投資せず，個人も学ばない」（p.40）とあるように，働く人間のあり方だけが問題なのではなく，経営者や企業のあり方も問われている。

　ただ，衝撃的なことに，日本企業の従業員エンゲージメントが世界全体からみて最低水準にあること（p.33）と『未来人材ビジョン』は述べている。そして，現在の勤務先で働き続けたいと考える人は少ないこと（p.34），かといって転職や起業の意向を持つ人も少ないこと（p.35）が続くページであげられている。ここで述べられている「エンゲージメント」とは，人事領域においては，「個人と組織の成長の方向性が連動していて，互いに貢献し合える関係」という意味で用いられている（p.33）。従業員エンゲージメントが世界全体からみて最低水準にあるということは，日本の働く人々のやる気が最低水準にある状態ともいえる。

3　今を語り，未来を語る力

問題はどこに……………………………………………………………………………
　一体なぜそうなるのか。
　その大きな一因には，前述の上がらない給与問題がある。「未来人材ビジョン」は，「日本企業の部長の年収は，タイよりも低い」と述べた次のページで「『転職が賃金増加につながらない』傾向が強い」ことを示している。中国，ドイツ，米国，英国では「転職して賃金が増加した」と回答した人の率は，76％，60％，55％，51％であるのに対して，日本は23％である（p.37）。
　頑張っても賃金が伸びないし，転職してもそれが変わらないというのでは，やる気にならない方が自然であるともいえる。一生懸命自分が働いても，それが評価されず，賃金アップにつながらない。それは，「いざ鎌倉」と駆けつけて命がけで戦ったのに，恩賞が出ない御家人のようなものである。御家人は失

望し，怒り，不満をためるだろう。自分たちの生活がかかった必死の訴えを主君が聞いてくれないとなれば，御家人は主人にそっぽを向き，主人のために本気では働かなくなる。場合によっては，決起や謀反にすらつながる。

　国際的に見て賃金が低くなり，上昇しにくくなっている日本の従業員のやる気が低下するということは，むしろ自然である。そのことが衝撃を生むのは，日本人の民度が高く，真面目で勤勉だと私たち自身が思えているからである。そして実際，日本の従業員は不満があっても滅多にそれを口にすることはなく，耐え忍び，従順に，穏やかに働いている。

　問題を従業員のあり方のせいだけにはできない。従業員のやる気を喪失させるような主君のあり方にも問題がある。換言すればそれは，日本の経営者の力量とあり方の問題である。

今を語り，未来を語るリーダー

　現実世界では，ときに働く人に我慢を強いなければならない難局に直面することがある。組織存続のかかった存亡の危機，未曽有の危機がそれである。ウクライナは，ロシアの暴挙によって国ごとそういう状況に追い込まれた。そんなとき，リーダーは大義，理念，夢，目標を人々に語れなければならない。その力を「今を語り，未来を語る力」とここでは表現しておく。ウクライナが戦前の不利な戦況を跳ね返し，逆にロシアを追い詰めているのは，ゼレンスキー大統領の「今を語り，未来を語る力」を抜きには考えられない。

　さらにウクライナが戦前の不利な戦況予想を覆せたのには，国際的な支援がある。その支援は，基本的にウクライナに大義があり，ロシアには大義がないことから生まれている。自らを何と表現しようとも，力ずくで他国を侵略し，主権を踏みにじり，尊い生命を自分たちの理屈のために犠牲にするロシアの行為に，世界の多くの人々は大義を認めない。大義なきところに，国民が納得できる未来を語れる理念は生まれない。大義と理念や目標とは，背中合わせのものだからである。

　様々な低下を抱え困難なかじ取りを求められる日本においても，リーダーが

「今を語り，未来を語る力」を発揮することが求められている。低い従業員エンゲージメントは，困難に際してもリーダーが「今を語り，未来を語る」ことのできていないことを示しているのかもしれない。つまりそれは，「今を語り，未来を語れないリーダーの問題」とでも表現すべき，経営者のあり方問題である。これを人間教育からみれば，経営者が経営者の器にふさわしい人間性の涵養，「価値観，ものの見方・考え方」を身に付けているかどうかという問題になる。「今を語り，未来を語る」域に届かないリーダーのあり方問題とは，自らの中に大義を構築できていないリーダーの人間性，人間力の問題であるといえる。

「価値観，ものの見方・考え方」……………………………………………

　直接的ではないが「未来人材ビジョン」は，経営者のあり方問題にかかわるデータを指摘している。「日本企業の経営者は，『生え抜き』が多く，同質性が高い」（p.45）こと，「グローバル競争が過熱する中でも，ドメスティックな経営者が多い」（p.46）こと等が，それらである。

　「生え抜き」が多いことが問題かどうかは，丁寧に考える必要がある。その企業で奮闘してきた人物が経営者になることは，経営をスムーズに安定させる良い面もあるからである。外からの人間を重用するよりも，「生え抜き」を大切にすることによって高まる所属員の意欲もある。「『生え抜き』＝閉鎖性」というだけのとらえでは，一面的である。文脈によって，「生え抜き」が良い場合もあれば悪い場合もある，ということである。

　対して，「同質性」には問題がある。そこには，自分の見えている世界が自分の主観の産物であるという弁え（わきま）がない。それはまだ未熟な「価値観，ものの見方・考え方」である。それは，当人のあり方問題を規定する。

　元法務大臣は，「法務大臣は死刑のはんこを押したときだけニュースになる地味な役職だ」と述べた。議員のパーティーの席でサービス精神を発揮したつもりであったことをマスコミが一斉に報道していたが，そこには自分が面白いと思うことはみんなも面白い，と思ってしまう本人の「価値観，ものの見方・考え方」がある。死刑という問題へのとらえ方が一つではないこと，いくつか

のポイントでいくつもの多様な意見があること等々への弁えがない。自分の見えている世界は自分の主観の産物であること，すべての人間の主観にはその人なりの歪みがあることへの弁えがない。こういう弁えのない「価値観，ものの見方・考え方」は，多様性との相性が悪い。

「同質性」は，この主観への弁えと多様性への認識を一層弱め，低めてしまい，口先だけの「多様性」が生まれやすくなる。「同質性」を好むことが異質を嫌うことにもつながり，自分の周りにイエスマンを集め出すリーダーにもなりやすい。当然その経営者は裸の王様となり，独善的世界の中で独裁に走り，異なる意見を敵視しだすことにもなる。多様性や主観とその歪みへの弁えがない「価値観，ものの見方・考え方」は，現状分析を歪め，危機管理能力を弱め，本人から「今を語り，未来を語る力」を奪うのである。

4 「未来人材ビジョン」が示す危機に対する処方箋

価値ある指摘………………………………………………………………………

「未来人材ビジョン」は，「4．教育」ではなく「2．労働需要の推計」で，次のような教育目標，育てるべき資質・能力目標を述べている。それが「次の社会を形づくる若い世代に対して」述べた「常識や前提にとらわれず，ゼロからイチを生み出す能力」（以降，「ゼロイチ能力」）である。この能力を，「夢中を手放さず一つのことを掘り下げていく姿勢」「グローバルな社会課題を解決する意欲」「多様性を受容し他者と協働する能力」とともに育てることが求められると「未来人材ビジョン」は述べている（p.16）。

「ゼロイチ能力」を示しながら，「未来人材ビジョン」は「4．教育」で重要で価値ある指摘を行っている。それらが，「日本は，探究的な（正解のない）理科学習」が少ないこと（p.74），「日本の18歳の『社会への当事者意識』は低い」こと（p.75），「答えのない『本物』の社会課題」を教員や研究の伴走で進める中学・高校が生まれていること（p.76），デジタルの文脈で述べられてはいるが「『本物』の社会課題に向き合い，探究学習を始められる環境」の必要性があること（p.77），

「子どもたちが繰り返し挑戦したくなる機会を増やすべきではないか」(p.81)
ということ、「社会課題や生活課題の当事者として、課題の構造を見極めながら、
自分に足りない知恵を集め、異なる他者との対話を通じて、協働的な学びが行
われるべき」(p.86)であり、「その際、世の中の社会課題を機敏に感知するスター
トアップの知見を教育にも取り入れる必要がある」(p.86)ということ、そして「変
革の責任を、教育機関だけに押し付けてはいけない」(p.90)こと等である。

ミスリードを生み出す危険性…………………………………………………

　それでも、「未来人材ビジョン」は大きな問題を見落としており、ミスリー
ドを生み出す危険性がある。大きな方向性等では鋭く価値ある指摘の多い「未
来人材ビジョン」が、「ゼロイチ能力」をどう実現するのかという具体的な話
になると、一部のハイタレントな人物を求めようとしているかのような不安定
さをみせるからである。たとえば、「新たな未来を牽引する人材」は「『育てら
れる』のではなく、ある一定の環境の中で『自ら育つ』という視点が重要となる」
(p.71)と述べているが、これを鵜呑みにして学校と教師が「一定の環境の中で『自
ら育つ』という視点」に走り、指導や習得を軽視すれば、それでもついていけ
る一部の優秀な学習者を残し、多くの学習者は学力低下に陥るだろう。

あるべき姿………………………………………………………………………

　もちろん、ハイタレントな人物がその資質・能力を見事に花開かせることは、
本人にとっても我が国にとっても重要なことである。それと同様に、多様で価
値あるそれぞれの学習者全員が、自分のもつ良さを伸ばし、自己肯定感と自信
を深め、課題に挑戦しようとする人間へと成長することは、本人にとってのみ
ならず、実は我が国を持続的安定的に発展させる最も大きな保障となる。
　「未来人材ビジョン」のデータは、バブル崩壊後の1991年から2000年までを
「後退期」、2001年（小泉内閣誕生：鎌田）から2020年を「低成長期」、2021年
からを「再生期」としている (p.32)。反対に、1946年〜1960年は「戦後立上り期」、
1961年〜1970年、1971年〜1990年は共に「高度成長期」としている。この「戦

後立上り期」「高度成長期」を支えたものは,「戦後の新しい教育制度の下に,我が国教育は,機会均等の理念を実現しつつ著しい普及発展を遂げ,科学技術の進歩や経済の高度成長の原動力となって,今日の我が国社会の発展に大きく寄与してきた」(文部省,1992)とあるように,日本の戦後教育の成果である。歴史は,この国が一部の人間だけが生かされ高まるよりも,多くの学習者の全体が人間として成長してこそハイタレントの輩出も前に進む傾向にあることを示している。

しかし,成果をあげた戦後の教育がときに「従来型」「詰め込み型」等々の批判を浴びるのは,そこに教育の本質に至らない「価値観,ものの見方・考え方」の課題があるからである。その課題を,日本人間教育学会は『教育フォーラム』各号を通じて指摘し,あるべき姿を以下で述べるように提案してきた[1]。

- 人生を生きるためには,単一の正解がない難問に自分なりの解(自分解)を生み出す力が求められる。そのためには,各人が納得のいく深い自分解を生み出せるよう,自分自身を磨き,深め,「人格の完成」の道を歩まなければならない。
- 生きる力観を「自分で課題を見つけ,自ら学び,自ら考え,主体的に判断し,行動し,よりよく問題を解決する資質や能力」(文部省審議会答申等「21世紀を展望した我が国の教育の在り方について(第一次答申)」)のレベルで止めず,〈我の世界〉と〈我々の世界〉を生きる力観へと深めなければならない。
- 何よりも大事なものとは,自分自身である。それは,人間の存在そのものに価値があることからくる。各人がこの認識をしっかりともち,互いを認め,尊重し合い,自分の主人公となれる真の主体性を磨きながら,「人格の完成」の道を歩まなければならない。

良いものを「ぶっ壊して」はならない………………………………………

「常識や前提にとらわれず,ゼロからイチを生み出す能力」を実現するため

には，先の日本人間教育学会の人間教育の提案の実現こそが求められている。言い換えればそれは，多くの学習者に学力保障と成長保障の基盤を作ることを実現してきた戦後の日本の教育の良さを継承し，学習者一人ひとりの存在の大切さ，その人間的成長の大切さを十分に認識した上で，「ゼロイチ能力」の実現を本気でめざす教育の質の高まりを実現していくことといえる。それでこそ，PDCAサイクルで日本の教育を良くしている，ということになる。

　かつてのPISAショックの際の「フィンランド方式」がそうであったように，教育における流行りものの議論は学校現場を席巻し，一時の流行語を生み出しはするが，結局現場を困惑させて，やがては消えていく。そうなるのは，その議論が日本の現実の教育の姿を改善しようとするPDCAサイクルに乗っ取った議論ではなくて，学校と教師に問題を一挙に解決できる解，いわば存在しない「青い鳥」を探すことへとミスリードする議論になっているからである。

　「未来人材ビジョン」においても，「企業は教育に主体的に参画し，現場と二人三脚で『あるべき姿』へと変革していくべきではないか」(p.92)，「大学経営に参画したり，高専を新たに設立する企業の動きも出てきている。こうした動きを加速させる必要があるのではないか」(p.93) といった指摘に，小泉内閣後に社会の常識となった感のある，民間の力への過大評価，自由競争さえすれば良いものが残るという硬直したものの見方を感じる。

　民間の力が低下してきたからこそ「未来人材ビジョン」の提起が生まれていることを忘れてはならないし，小泉純一郎氏の「古い自民党をぶっ壊して政治経済の構造改革を行う」というフレーズは大衆の心をつかんだものの，だからといって日本の教育，日本の学校と教師の良い面を「ぶっ壊して」もらっては困るのである。日本の教育，日本の学校と教師のこれまで果たしてきた貢献，その成果と良い面を十分知ったうえで，「ゼロイチ能力」実現の議論を進めることが必要である。

　他にも「未来人材ビジョン」は，「一人ひとりの認知特性・興味関心・家庭環境の多様性を前提に，時間・空間・教材・コーチの組み合わせの自由度を高める」(p.95) 方向に転換する必要性を挙げ，「子どもたちが繰り返し挑戦した

くなる機会を増やすべきではないか」（p.81）としている。このこと自体は結構であるが，その前の「一律・一斉で画一的な知識を詰め込めば対処できる時代は終わり」（p.81）を読むと，ミスリードが生まれてしまう危険性を感じる。日本人間教育学会の人間教育が示す「指導と成長の道筋」が抜け落ちてしまう危険性である。

5 「常識や前提にとらわれず，ゼロからイチを生み出す能力」を生み出すために

「ゼロからイチを生み出す能力」………………………………………………

「ゼロイチ能力」は，重要である。「GAFAM 5 社」がゼロからイチを生み出し急成長したのに対して，我が国の企業，経営者・経営陣はそれができず大差をつけられた。そこにはゼロからイチを生み出した「GAFAM 5 社」と，生み出せなかった日本の企業，経営者・経営陣の姿勢の違いがある。

しかし，だからといって「常識や前提にとらわれず，ゼロからイチを生み出す能力」を強調するだけでは，それは実現しない。実現のための「指導と成長の道筋」，いわば目標を実現する戦略が重要で，そこを見落とすと，誤ったり偏ったりした指導や授業を生み出す危険性が高まる。

まず述べておきたいことは，すべての人間がいきなり「ゼロからイチを生み出す」ことはないということである。それができる人は，特別の才能を有する人である。したがって，「ゼロからイチを生み出す」ことを下手に強調すると，それが苦手な多くの人を低く見るものの見方を生み出す危険性が生まれる。そのことは，人間の多様性，能力の多様性への弁えを破壊する危険性を孕んでいる。

次に述べておきたいことは，人間には「ゼロからイチを生み出す」ことが得意な人もいれば，得意でない人もいる，ということである。「ゼロからイチを生み出す」ことが得意な人は，別のことが不得意である。何から何まで得意なことだらけという完璧な人間は，この世には存在しない。あることが得意でない人は，他の人が不得意なことを上手にできたりする。そして，得意の中身も

多様である。「ゼロからイチを生み出す」発想が得意な人もいれば,「ゼロから
イチ」を形にするのが得意な人もいる。「ゼロからイチを生み出す」ことが得
意な人をサポートすることが得意な人もいる。これらの人々が,「ゼロからイチ」
を形にするために欠かせない人であることはいうまでもない。

　このように私たちは多様で,互いに良い面と悪い面があることを,認め合わ
なければならない。何かを一面的に強調すると,現実に生きている 70 億以上
の人間の生の多様性を覆い隠してしまい,認め合うことを見落とす方向へとミ
スリードしてしまいかねない。それではかえって,「ゼロからイチを生み出す」
ことの実現を空想的にしてしまう。

守・破・離 ………………………………………………………………………

　では,「ゼロイチ能力」の実現にとって何が大事なのか？　その一つに,日
本人間教育学会の人間教育がこれまで重ねて指摘してきた「守・破・離」があ
る。芸事の上達の道として示された「守・破・離」は,人間の学びと成長の道
筋を示している。そこには,人間の成長を立体的構造的に見通す目がある。

　「ゼロイチ能力」は,多くの人間にとっては,常識や前提にとらわれないだ
けで実現するものではない。まず,常識や前提にとらわれない人間は,自分を
愛することのできる「もう一人の自分」を確立し,少数派になることを一向に
恐れない,真の主体性をつくろうとしてきてこそ生まれる。そして,「ゼロイ
チ能力」は,「守・破・離」の道を保障してこそ生まれる可能性が広がる力である。
「守・破・離」の「守」は,師匠の「型」を守って自分のものにする（習得）
ことである。

　「守・破・離」の「破」は,「型」を様々な条件下で当てはめ,繰り返し自分
のものとするうちに生まれる。「型」を自由自在に操れるほどになるまで修錬
をすると,おのずと師匠の「型」との違いが生まれてくる。自分と師匠は,同
じ人間ではないからである。「型」を熟達し,自分のものになればなるほど,「型」
は自分に寄ってくる。後に述べる自問自答,人間的成長の中で新たな意味や価
値も生まれる。そうして違いが生まれ,「破」（活用）が生まれる。

　これらの過程で，型はやがて自分の型となる。それはまるで自分の流派が生まれ出るようなものでもある。良い意味での「自分流」である。「型」を守り，身に付け，それを自分のものとする問答を通して生まれる師匠との異なりは，厳しい精進の道を通してやがて自分流へと昇華されていく。そうして，いよいよ師から独立するに至る。これが「離」である（探究）。

　この「守・破・離」の過程で，本人のめざすものやなりたい自分（目標）があってこそ，自分と目標との間で葛藤や自問自答が生まれ，その問答を通して当人の人間的成長や新たなる意味，価値が生産される。そして，この問答は自己理解・自己受容を生み出す。やがてその中で，めざすもの，なりたい自分（目標）を実現しようという本人の強い志が，蓄積した学びと経験と化学反応を起こし，「ゼロからイチ」への閃きを生む。「ゼロからイチ」への閃きは，ある夢を追い続け，そのために学び続け，考え続け，挑戦し続けてきた人間の下に，そうして突然訪れるものである。

　したがって，「ゼロからイチを生み出す能力」というものがあるのならば，その大前提には「夢を追い続け，そのために学び続け，考え続け，挑戦し続け」る人間のあり方が必要になる。

日本の授業研究……………………………………………………………………

　日本の授業研究は，このような学習者の人間的成長を大事にしてきた。詳しくは，鎌田（2020）「これまでの授業改革が人間教育の教授学に示唆すること」を参照していただきたいが，日本の授業研究は学習者の人間的成長の実現のために，自己肯定感や自信を大切にし，「わかる・できる」を大切にし，そのために習得を大切にし，「わかる・できる」の成熟のために螺旋的反復を大切にしてきた。

　習得した力を現実に使える力へと磨くため，多くの挑戦と螺旋的反復を重視し（活用），「『本物』の社会課題に向き合い，探究学習」へと進むことを求めてきた。その挑戦の繰り返しの中で，学習者が自分との本格的で深い自問自答を始めるようになってこそ，学習者は自己探究の道を歩むことができる。そう

して学習者は,「人格の完成」の道を歩むようになっていく。

さまざまな教科学習,教科外学習は,この自己探究のスイッチが入ることに効果的に関われないようでは本物とはいえない。「ゼロイチ能力」は,単なる閃きだけでなく,このような当人の人間的成長と,到達したい目標が鮮明にあってこそ作動し,そうであってこそ自分と周りの人々を助けるものとして発揮されるのである。

つまり,「未来人材ビジョン」に抜け落ちているものは,不易の教育を探究するための重要なピースなのである。それは,日本が世界に誇る授業研究への認識であり,学習者の人間的成長における教師の役割,その指導の重要性への認識である。

「ゼロからイチを生み出す能力」を育てるためには……………………

「ゼロイチ能力」を育てようとするのならば,すべての学習者に人間としての成熟した偏りのない,深い「価値観,ものの見方・考え方」を求めていくことこそが重要になる。それが,先に述べた個人の「守・破・離」を豊かに刺激もする。つまり,「常識や前提にとらわれず,ゼロからイチを生み出す能力」を実現するためには,人間の人間的成長をめざす人間教育が欠かせない。

そのためにも,もう一つの最後の重要なピースを述べなければならない。それが,教師の本気,やる気である。

鎌田（2020）でも述べたように,日本の授業研究は,学習者の人間的成長を実現するために自らの授業づくり,指導力,そして自分自身を磨こうとした教師の姿の集積でもある。不易の教育観,指導観は,その教師たちの研鑽の中にある。その推進力は,学習者のために自らを磨こうとする教師たちの本気なのである。

たとえば,大村はまは「私は何はともあれ,<u>ほんとうの国語力を,人間を人間にすることばの力をつけよう,──つけたつもりではなく,ほんとうにつけ</u>ようと思って,単元学習であるかないか考えることも忘れて,一つ一つの学習に取り組んでいるうちに,実際には,はっきりと経験単元（生活単元）にむかっ

ていた」（下線：鎌田）と述べた（大村，1982）。日本の授業研究は，常に「つけたつもりではなく，ほんとうにつけよう」という教師の強い本気，決意とも呼ぶべき意欲によってこそ進んできた。鎌田（2020）で紹介している「極地方式」もまたしかり，である。

「ゼロイチ能力」を育てようとするのならば，この国は教師を大切にしなければならない。まず，政治は教師の数を増やすことにもっと一生懸命にならなければならない。日本の少子化と低迷は，一人ひとりの学習者を極めて敏感でナイーブな気質にしている。その中にある変わらない本質に教育が迫るためには，1クラス35人では無理が大きすぎる。早急にOECD（経済協力開発機構）加盟国の平均小学校21.1人，中学校23.3人（『図表でみる教育（Education at a Glance』OECDインディケータ」2021年版）レベルにしなければならない。同時に，教師が自らの「価値観，ものの見方・考え方」を深められるよう，そのためのよい指導者を見つけ，見極めなければならない。教師が自らを高められる研鑽への支援や補助を一層積極的に手厚く行わなければならない。そして，日本における授業研究文化への支援，具体的には教科教育研究会の活動を質量ともに根本的に強化できる「時間・人・お金」の保障を，可及的速やかに行わなければならないのである。

注

(1) 梶田叡一責任編集，日本人間教育学会編『教育フォーラム62号　人生や社会をよりよく生きる力の涵養を』2018

梶田叡一責任編集，日本人間教育学会編『教育フォーラム63号　人間性の涵養——新学習指導要領の究極的な目標は』2019

梶田叡一責任編集，日本人間教育学会編『教育フォーラム65号　人間力の育成——人間教育をどう進めるか』2020

梶田叡一責任編集，日本人間教育学会編『教育フォーラム67号　いまこそ自己教育力の練成を——コロナ禍に負けない学習者を育てる』2021

梶田叡一責任編集，日本人間教育学会編『教育フォーラム68号　心の耕し——豊かでタフな人間

性の涵養を』2021

　梶田叡一責任編集，日本人間教育学会編『教育フォーラム70号　自己を創る』2022

文献

鎌田首治朗『真の読解力を育てる授業』図書文化社，2009

鎌田首治朗「第6章　これまでの授業改革が人間教育の教授学に示唆すること」鎌田首治朗・角屋重

　樹編著『人間教育の教授学——一人ひとりの学びと育ちを支える』（梶田叡一・浅田匡・古川治監

　修　シリーズ 人間教育の探究4）ミネルヴァ書房，2020

経済産業省「未来人材ビジョン」2022

　https://www.meti.go.jp/press/2022/05/20220531001/ 20220531001-1.html

文部科学省「図表でみる教育（Education at a Glance）OECDインディケータ（2021年版）」

　https://www.mext.go.jp/b_menu/toukei/002/index01.htm

文部省「第三編　第一章　第一節　経済・社会の発展と教育改革」『学制百二十年史』1992

　https://www.mext.go.jp/b_menu/hakusho/html/others/detail/1318290.htm

大村はま『国語教室1』筑摩書房，1982，p.8

特集◎令和の教育課題──学制150年を踏まえて

学習パラダイムに基づいて
アクティブ・ラーニングから
学習・ライフの個性化へ

溝上　慎一○みぞかみ　しんいち

はじめに

　「アクティブ・ラーニング」が，いろいろな形で教育界の改革用語となっている。立場によって是非はあるだろうが，筆者は細かい是非の議論よりも，1で述べる傘概念としてのこの用語を通して，現代社会で転換すべき学校教育の姿を見ている。

　これまで「アクティブ・ラーニング」については詳細に，そしてさまざまな角度から論じてきたので，まずはそれを必要最低限に復習して確認する。その上で，本稿で筆者が課せられたテーマ「アクティブ・ラーニングのいっそうの充実・深化」に答える形で，アクティブ・ラーニング論が本質的に求めること，そしてアクティブ・ラーニングが「充実・深化」する先に見ているものを論じようと思う。

　なお，筆者は小学校から大学までのすべての学校種において，本題目に学術的，実践的に取り組んでいる。本稿では対象を高校（生）に当てて論じるが，他の学校種にも当てはまる部分が多くあると思う。うまく対象を置き換えて読んで

いただければ幸いである。

1　傘概念としてのアクティブ・ラーニング

　高等教育において，アクティブ・ラーニングが全国的な実践的運動となり始めたのは，中央教育審議会から『学士課程答申[1]』が出された2008年以降のことであった。2012年には『質的転換答申[2]』が出され，アクティブ・ラーニングは高等教育の施策用語ともなった。そこでは，アクティブ・ラーニングは，

> 　教員による一方向的な講義形式の教育とは異なり，学修者の能動的な学修への参加を取り入れた教授・学習法の総称。学修者が能動的に学修することによって，認知的，倫理的，社会的能力，教養，知識，経験を含めた汎用的能力の育成を図る。発見学習，問題解決学習，体験学習，調査学習等が含まれるが，教室内でのグループ・ディスカッション，ディベート，グループ・ワーク等によっても取り入れられる。

と説明された[3]。

　そもそもアクティブ・ラーニングは傘概念として考えられてきたもので(溝上，2014)，『質的転換答申』で「発見学習，問題解決学習，体験学習，調査学習等が含まれるが，教室内でのグループ・ディスカッション，ディベート，グループ・ワーク等」と例示されたような，様々な学習を包摂する学習概念である。

　2014年末，初等・中等教育の学習指導要領改訂に向けた諮問[4]が文部科学大臣からなされ，「アクティブ・ラーニング」が高校以下の学習法の目玉の一つとして検討された。しかし，具体的にどのような学習を指すのかが不明瞭であり，「活動あって学びなし」「はい回るアクティブ・ラーニング」と揶揄されることともなった。特定の技法に偏った学習法は学習指導要領で示す用語として不適切であるなどとも考えられ，審議会の有識者，学校教育関係者の議論が迷走したことはよく知られる。しかしそれらは，アクティブ・ラーニングが傘概

念であることを十分に理解しないで議論された結果であったように思われる。

　アクティブ・ラーニングの「アクティブ（能動的 active）」が，「パッシブ（受動的 passive）」の対語として措定された初発の文脈は，アクティブ・ラーニングの傘概念の性格を理解する上で重要な共有事項である。高等教育では，講義一辺倒の授業を聴くという受動的な学習に相対する能動性という意味で，アクティブ・ラーニングが措定されてきた（ボンウェル＆エイソン，2017）。いろいろな立場での定義があっても，高等教育ではこの初発の文脈はおおむね共有されていると思われる。それを踏まえた上で，どのような立場の「アクティブ」を採っていくかと考えるならば，議論は生産的に続けられる。『質的転換答申』はこの初発の文脈を踏まえたが，学習指導要領改訂に向けた審議会は踏まえなかった。そして，アクティブ・ラーニングに代わって「主体的・対話的で深い学び」が提示されたが，果たしてそれがどの程度わかりやすいものになっているのかはよくわからない。

　高等教育施策では依然として「アクティブ・ラーニング」が用いられている。それは，講義一辺倒の授業，その意味での受動的な学習からの脱却という初発の文脈が，高等教育では根深く問題として存在しており，それをイメージできるリアリティが強固に示され続けているからだろうと考えられる。先の 2014 年末に文部科学大臣から学習指導要領改訂に向けた諮問がなされた時，そこで提示された「アクティブ・ラーニング」は高大接続改革[5]と併走して示されたものであった。それは，両者の「アクティブ・ラーニング」の定義が「課題の発見・解決に向けた主体的・協働的な学び」と同じ文言であったことから明らかである[6]。当時，いわゆる進学校と呼ばれる多くの「高校」の授業は，大学と同様に，教師から生徒への一方通行的な講義一辺倒の授業であった。このような「高校」に限定して考える時，高等教育で問題としたアクティブ・ラーニングの初発の文脈は高校の状況にもぴったり当てはまるものであった。2008年の学習指導要領で，言語活動の充実が謳われながらも対応しなかったのは「高校」であり，ゆとり教育の象徴であった総合的な学習の時間が，習得・活用・探究の学びのプロセスの中で探究科目として積極的に位置づけられながらも，

十分に対応しなかったのは「高校」であった。「高校」は高大接続改革と併走
して，このたびの学習指導要領改訂でメスを入れなければならなかった対象な
のであった。

　しかしながら，学習指導要領が高校だけでなく，小学校，中学校まで含めて，
同じ文言で説かれなければならなかったことは，ある意味，行政構造故の悲劇
であった。講義一辺倒の授業からの脱却という文脈が，とくに小学校の教育の
実情に合致していなかったことは承知の通りで，迷走した議論もほとんどはふ
だん高校教育，高大接続に関わっていない委員，有識者が議論した結果のもの
であったとさえ見えるのである。

2　アクティブ・ラーニングによる学習パラダイムへの転換

　もっとも，このような理解のズレがいろいろあったにせよ，本質的に重要な
のは，教授パラダイムから学習パラダイムへの転換である。

　簡潔に説明すれば，教授パラダイムは「教師主導（teacher-centered）」，学
習パラダイムは「生徒主導（student-centered）」のことである[7]。教授パラダ
イムにおける典型的な授業形態は教師から生徒への一方通行的な講義であり，
「教師から生徒へ」「知識は教師から伝達されるもの」を特徴とする。しかしな
がら，ここではもっと広くとって，教師が設定する学習目標に向かって行われ
るあらゆる教授学習の活動とする。それに対して学習パラダイムは，「学習は
生徒中心」「学習を生み出すこと」「知識は構成され，創造され，獲得されるもの」
を特徴とする，生徒自身の観点で取り組まれる学習を指す。知識や経験を組織
化する「構成主義」的な学習観と考えられてきたものでもある（佐藤, 1996）。

　ベイン（Bain, 2004）は，教師が教室で行うこと（＝教授パラダイム）それ
自体が重要なのではない，生徒がいかに考え，活動し，感じるか，そこに教師
がどのような働きかけや手助けをすることができるか（＝学習パラダイム）が
重要である，と両パラダイムを対比させている。ビッグスら（Biggs & Tang,
2011）も，教師が何をするかではない，生徒が何を学ぶかが重要だと述べる。

さらに，アンブローズら（Ambrose, et al., 2010）は，学習パラダイムにおける学習は，プロダクト（product）ではなく（＝教授パラダイム），プロセス（process）なのだ，変化（change）なのだ，と述べる。

　学習パラダイムは教授パラダイムに相対する概念として提示されたものであるが，提唱者の一人であるタグ（Tagg, 2003）自身が述べるように，両パラダイムは決して二項対立の関係にあるものではない。教授パラダイムに基づき，教師主導で生徒に知識を伝達する講義の時間はあってよく，その時間は学習パラダイムによって否定されるものではない。タグが「学習パラダイムは活動の場を拡げ，教授パラダイムを越えたところに私たちを移動させる」ものであると述べるように，学習パラダイムは教授パラダイムを基礎として，教授学習活動を豊かに拡張・発展させるものである。その特徴を示したのが図1である。学習パラダイムは，教授パラダイムを含み込み，基礎としつつ（すべての生徒の学習成果が枠へ到達），それを越えて生徒個々人の個性的な学習成果を求めるパラダイムなのである。

　2008年の学習指導要領改訂で登場した習得・活用・探究，今日「学びの過程」と呼ばれるものも，教授パラダイムと学習パラダイムのバランスを説く政府の施策用語だと考えられる。つまり図2に示すように，教科書的な基礎的な知識・理解が求められる習得の授業においては，どうしても教授パラダイムのウェイトは高くならざるを得ない。しかし，そのことが学習パラダイムを否定するものでないことは，図1で説く通りである。他方，探究の授業では，生徒主導の学習活動（学習パラダイム）に大きなウェイトが置かれるものの，だからといって教授パラダイムの時間が全くないわけではない。問いの立て方や情報や資料の収集・整理の仕方などを教師が教える教授パラダイムの時間は，探究の授業においてさえ認められるのである。教授パラダイムか学習パラダイムかと二項対立的に捉えるのではなく，習得から活用・探究へと，教授パラダイムのウェイトが下がり，反対に学習パラダイムのウェイトが上がっていくと捉えるべきものである。

　以上を踏まえて，個別の学習法はもとより，アクティブ・ラーニングや主体

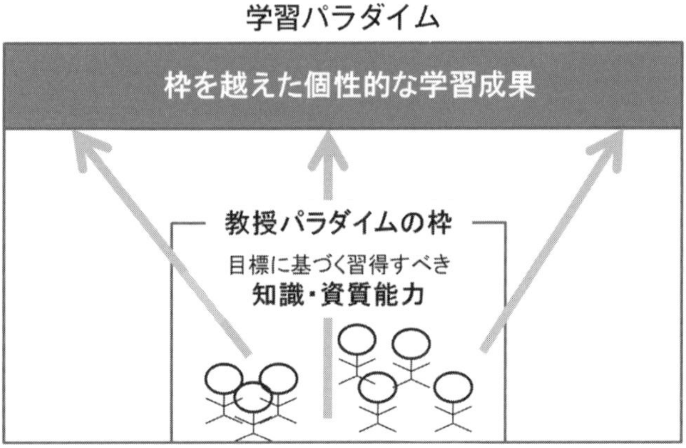

学習パラダイム

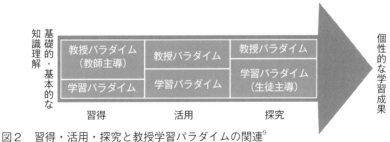

図1　教授パラダイムに基づき，その枠を越えるところに学習パラダイムに基づく
　　　個性的な学習成果の空間がある[8]

図2　習得・活用・探究と教授学習パラダイムの関連[9]

的・対話的で深い学び等の学習用語も，学習パラダイムへの転換の中でその是
非が議論されるべきである。それらは学習の手段であって，目指すべき目標で
はない。

　新学習指導要領では，求められるさまざまな教育的取り組みの学習成果（目
標）を，「資質・能力の三つの柱」，すなわち①知識・技能，②思考力・判断力・
表現力等，③学びに向かう力，人間性等に集約している。①の知識・技能は教
授パラダイムによって教えられるが，②や③の能力や態度等は，学習パラダイ

ムによって生徒の学習経験を作り出していくことでしか育てられない。アクティブ・ラーニング等によって生徒が理解したり考えたり，疑問に思ったりしたことを，学習活動（たとえば，書く・話す・発表する等）を通して外化させていくことが必要であり，聴く（内化）だけの受動的学習では②や③の能力や態度等は育てられない。カリキュラム・マネジメントのような学校や教師の視点で考えられがちなものでも，最終的には児童・生徒の「経験されたカリキュラム」（松下，2003；田村，2022）が問われており，その経験の総体として学校教育目標，高校ではスクール・ポリシーの実現が考えられている。カリキュラム・マネジメントを生徒の経験から捉えるのもまた，学習パラダイムに則った考えである。

3　学習パラダイムの発展形としての「個別最適な学び」
——転換点となる2020年

　2020年は，様々な観点から学校教育が大きく転換した年であった。

　第1に，主体的・対話的で深い学び（アクティブ・ラーニングの視点），カリキュラム・マネジメント，資質・能力の三つの柱などを提起する新学習指導要領が，小学校から順次施行され始めたことである。第2に，GIGAスクール構想が実施され始めたことである。それは，学校教育におけるICT活用を強化するべく，児童生徒向けの1人1台端末と高速大容量の通信ネットワークを一体的に整備するものであった。高校での整備は県市等の自治体の取り組みに委ねられたので，全国一律の様相とはなっていないが，それでも何らかの形でICT活用の指針や基盤整備はなされたと言ってよい。

　第3に，新型コロナウィルス感染拡大（以下，コロナ渦）が始まり，各学校でICTをどのように活用するかの姿勢が一気に求められるようになったことである。急速に広まったコロナ渦で，学校はオンライン授業やオンライン学習への対応を短い期間で求められた。5年計画で整備される予定であったGIGAスクール構想は，前倒しで1年で整備されることになり，少なくともハード面での学校教育のICT環境は一気に整備された。高校でも，義務教育と同様に

整備できない自治体では，BYOD（Bring Your Own Device）等によるICT活用の指針が示された。しかし，その年の夏頃には，様々な制限を設けながらも対面授業が再び実施されることになり，ICTをこれからどのように教育活動の中で活用するかが，コロナ渦を離れて，自治体や学校の姿勢に委ねられることになった。

　そして第4に，コロナ渦の前からなされていた，今で言うところの「令和の日本型学校教育」審議が急速にまとめられ[10]，「個別最適な学び」が登場したことである。個別最適な学びに多かれ少なかれ関わる範囲で答申をまとめると，次のようになる[11]。

- ・「令和の日本型学校教育」の最大のポイントは，コロナ禍によって露呈した日本の学校教育におけるICT活用の脆弱さをハード面・ソフト面ともに改善することにある。ソフト面では，Society5.0と連動させて「個別最適な学び」を推進する。
- ・すでに新学習指導要領で「主体的・対話的で深い学び」の実施を求めているので，それに加えての「個別最適な学び」である。「個別最適な学び」は日本の学校教育が長年取り組んできた「個に応じた指導」にも対応するものであり，それ自体は新しい学びの提起ではない。
- ・個別最適な学びが孤立した学びに陥らないよう「協働的な学び」も併せて行う。
- ・子どもたちの知・徳・体を一体で全人的に教育する「日本型学校教育」の中で捉え直し，それにSociety5.0に対応した「個別最適な学び」，そして「協働的な学び」を令和時代の発展型として位置づけ，大きく「令和の日本型学校教育」として提起する。

　本稿では，アクティブ・ラーニング，あるいは主体的・対話的で深い学びが導入された後，この学習概念の充実・発展の姿がどのようなものかについて論じることを目的としている（「はじめに」を参照）。2では，その「充実・発展」の姿の本質は，学習パラダイムを充実・発展させることだと述べた。そして3

では，その学習パラダイムの充実・発展に Society5.0 と ICT 活用の条件を加えれば，その姿は必然的に「個別最適な学び」を目指すことに相等しいとまとめられる。

　個別最適な学びは，『令和の日本型学校教育』答申では，教師の「個に応じた指導」を生徒の学びの視点から表現したものと説明される。そして，同答申では，それが学習パラダイムへの転換を基調とする新学習指導要領の延長線上で考えられたものであることが述べられている。ということは，学習パラダイムに従って生徒の個性的な学びを Society5.0 を見据え ICT 活用を加えて，いっそう推進していくことは，「個別最適な学び」であろうと他の用語であろうと，学習パラダイムが発展していく先の姿と同一になるはずである。この意味において，個別最適な学びはアクティブ・ラーニングをいっそう「充実・発展」させた先の姿であると言えるのである。

　なお，同答申では，個別最適な学びが孤立した学びに陥らないように配慮して，「協働的な学び」を並立させた提案を行っている。しかしながら，同答申が新学習指導要領の延長線上にあるという文脈をもっと強調できたなら，その「配慮」は無用であったとも考えられる。筆者の考えるところでは，「対話的な学び」と「協働的な学び」の相違を理解することの方が難しく，「協働的な学び」の提起によって提言はかなり複雑な様相を増している感も否定できない。

最後に

　本稿では，学習パラダイムに基づいて，アクティブ・ラーニングから個別最適な学びへの施策的展開を論じたが，このテーマは必然的に学習とライフ（生活・人生）との関連に接続していく。学習パラダイムに基づく学習は，生徒の経験世界に繋げ，掘り起こしていく作業に相等しい。新学習指導要領で提起された主体的・対話的で深い学びの「主体的な学び」には，「キャリア形成の方向性」というキャリアの視点が記載されており，そこに学習者の過去から未来への時間軸を伴ったライフが関与することが暗に説かれている。個別最適な学びに象徴される学習の個性化は，この意味においてライフの個性化をも目指す。おそ

らく，本稿に課せられたアクティブ・ラーニングの「充実・発展」の先に見る
ものは，最終的には学習者のライフの個性化であろう[12]。ウェルビーイングが
学校教育の中でも盛んに説かれるようになったが（白井，2020），この流れもこ
こに合流する。近々論を発展させたい。

注

1　中央教育審議会「学士課程教育の構築に向けて（答申）」2008

2　中央教育審議会「新たな未来を築くための大学教育の質的転換に向けて～生涯学び続け，主体的
　　に考える力を育成する大学へ～（答申）」2012

3　アクティブ・ラーニングの学術的な定義や相違，質的転換答申での説明との関連などについては，
　　溝上（2014），あるいは以下のウェブサイトを参照のこと。ウェブサイト「溝上慎一の教育論」＞「（理
　　論）教授パラダイムからから学習パラダイムへ」http://smizok.net/education/index.html

4　文部科学大臣下村博文 諮問「初等中等教育における教育課程の基準等の在り方について」2014

5　中央教育審議会「新しい時代にふさわしい高大接続の実現に向けた高等学校教育，大学教育，大
　　学入学者選抜の一体的改革について～すべての若者が夢や目標を芽吹かせ，未来に花開かせるため
　　に～（答申）」2014

6　筆者のウェブサイトを参照。ウェブサイト「溝上慎一の教育論」＞「（理論）初等中等教育にお
　　ける主体的・対話的で深い学び—アクティブ・ラーニングの視点」 http://smizok.net/education/
　　index.html

7　教授パラダイムから学習パラダイムへの転換について，また政府施策との対応等については，筆
　　者のウェブサイトを参照。ウェブサイト「溝上慎一の教育論」＞「（理論）教授パラダイムから学習
　　パラダイムへの転換」 http://smizok.net/education/index.html

8　Ibid.,「（理論）教授パラダイムから学習パラダイムへの転換」を参照

9　溝上（2020），図表32（p.154）を参照

10　中央教育審議会「『令和の日本型学校教育』の構築を目指して～全ての子供たちの可能性を引き出
　　す，個別最適な学びと，協働的な学びの実現～（答申）」2021

11　個別最適な学びの説明も含めて筆者のウェブサイトを参照。ウェブサイト「溝上慎一の教育論」
　　＞「（理論）令和の日本型学校教育 – 「個別最適な学び」と「協働的な学び」 –」 http://smizok.

net/education/index.html

12　溝上（2020）で論じているので，併せてお読みいただければ幸いである。

引用文献

Ambrose, S. A., Bridges, M. W., DiPietro, M., Lovett, M. C., & Norman, M. K., *How learning works: Seven research-based principles for smart teaching*（Foreword by Richard E. Mayer）. San Francisco, CA: John Wiley & Sons，2010

Bain, K. *What the best college teachers do*. Cambridge, Massachusetts: Harvard University Press，2004

Biggs, J., & Tang, C. *Teaching for quality learning at university. 4th ed*. Berkshire: The Society for Research into Higher Education & Open University Press，2011

ボンウェル，C. ＆エイソン，J. 著，高橋悟監訳『最初に読みたいアクティブラーニングの本』海文堂，2017

松下佳代「大学カリキュラム論」京都大学高等教育研究開発推進センター 編『大学教育学』培風館，2003，pp.63-85

溝上慎一『アクティブラーニングと教授学習パラダイムの転換』東信堂，2014

溝上慎一『社会に生きる個性――自己と他者・拡張的パーソナリティ・エージェンシー』東信堂，2020

佐藤学「現代学習論批判――構成主義とその後」堀尾輝久・奥平康照・田中孝彦・佐貫浩・汐見稔幸・太田政男・横湯園子・須藤敏昭・久冨善之・浦野東洋一 編『学校の学び・人間の学び』柏書房，1996，pp.154-187

白井俊『OECD Education2030プロジェクトが描く教育の未来――エージェンシー，資質・能力とカリキュラム』ミネルヴァ書房，2020

Tagg, J. *The learning paradigm college*. Bolton, Massachusetts: Anker，2003

田村知子『カリキュラムマネジメントの理論と実践』日本標準，2022

特集◎令和の教育課題──学制150年を踏まえて

●

アクティブ・ラーニングと 説明文の授業創り

説明文の筆者と，読者の私

●

二瓶 弘行○にへい　ひろゆき

1　説明文の筆者・丘さんからのお願い

　ある日の国語の授業。一編の説明文「日本の子どもたちと世界の子どもたち」をプリントにして，教室の5年生の子どもたちに配付した。筆者は丘椎三さん。

日本の子どもたちと世界の子どもたち

丘　椎三

① 　今，この世界には二百近くの国があります。わたしたちのすんでいる日本という国も，その一つです。

② 　日本に住む子どもたちは，幸せです。毎日，ごはんを食べることができます。学校へ通っていろいろな勉強をすることができます。病気になれば，病院で治してもらえます。

③ 　では，他の国に生まれた子どもたちも，日本の子どもたちと同じように幸せなのでしょうか。

---

④　まず，毎日の食事でさえ，きちんととれない子どもたちが，世界には
　　たくさんいます。きらいな食べ物は平気で残して，どんどんすてている
　　日本の子どもたちには，想像もできないでしょう。どんなにおなかがす
　　いても，食べるものがないのです。

⑤　その結果，生きていくための栄養が不足して，体力がなくなり，ちょっ
　　とした病気にかかって死んでしまうのです。

⑥　また，学校へ通えない子どもたちも，たくさんいます。日本の子ども
　　たちのように，習い事にいくなんて，とんでもありません。いくら勉強
　　したくても，字が読めるようになりたくても，計算ができるようになり
　　たくても，学校へ行けないのです。

⑦　その大きな理由は，まずしいことです。親の仕事を手伝ったり，小さ
　　な弟や妹の世話をしたりして，毎日働かなければならないのです。そう
　　しなければ，家族みんなが生きていけません。また，教科書がなく，鉛
　　筆やノートさえも買えない子どももたくさんいます。

⑧　さらには，病気で命をなくす子どもたちが，世界にはたくさんいます。
　　日本の子どもたちは，ちょっと熱がいつもより高いと，親がすぐに病院
　　に連れて行ってくれます。いろいろな薬もあります。病気を予防する注
　　射もうってもらえます。

⑨　けれども，病気になっても，お医者さんがいなく，薬がなく，しかた
　　なく死んでいく子どもたちがいるのです。一，二，三秒。このわずか三秒
　　の間に幼い子どもが一人，そのために世界のどこかで死んでいます。

⑩　このように，世界には，今，このときにも，栄養不足で苦しんだり病
　　気になって命をなくしたりして，つらい生活をしている子どもたちがた
　　くさんいます。だから，世界の子どもたちみんなが，幸せだとはけっし
　　て言えないのです。

⑪　日本の子どもたちは，この国に生まれたことに感謝して，毎日楽しく
　　生活しましょう。そして，今は子どもだから何もできませんが，いつか
　　大人になったら，世界中の子どもたちが幸せにくらせるように力をかし

> てあげましょう。

　この説明文は，教科書教材ではない。教室の５年生には，もちろん初見の説明文である。読み始めようとする彼らに，私は筆者である丘さんのことを伝えた。

> 　この文章の筆者・丘さんは，よく知っている私の友達です。丘さんは，自分の生きてきた体験から，日本の子どもたちに伝えたくてたまらないことがあって，この説明文を書きました。
>
> 　ただ，丘さんには不安がある。この文章を読んだ，日本の子どもたちがどのように受け取ってくれるかという不安です。そこで，日本の子どもたちである，みんなに読んでもらい，感想・意見をもらいたいというのです。一生懸命に読み，考えて，丘さんのこのお願いに応えてあげよう。

　子どもたちと，すべてを読み終えたとき，丘さん宛に手紙を書くことを確認し合う。こうして，この説明文「日本の子どもたちと世界の子どもたち」の学びがスタートした。

2　説明文「日本の子どもたちと世界の子どもたち」の美しい仕組み

　学習材となる「日本の子どもたちと世界の子どもたち」は，語彙も難解なものはなく，これまでに説明文の「美しい仕組み」を学習した子どもたちには読みやすい文章である。

　筆者・丘さんが，読者である日本の子どもたち，すなわち「私」に「伝えたいこと」は何なのか。それを受け取らずして，何も始まらない。丘さんへの手紙に何も書けない。筆者の「伝えたいこと」を確かに読み取る術を，子どもたちはそれまでの学びで獲得してきている。説明文の美しい仕組みを捉えるために，説明文の家をつくってみる方法だ。

　最初に，通読した後，序論・本論・結論の三つの大部屋を確認することから

始める。

　序論の性格として，段落①と②は，話題の提示と，まずは捉えよう。あなたが住んでいる日本は，世界の多くの国々の中の一つの国であること。そして，日本の子どもたちは「幸せ」ということ。

　段落③の疑問文「他の国に生まれた子どもたちも，日本の子どもたちと同じように幸せなのでしょうか。」は「大きな問い」の性格をもつのか，再度，文章全体を読み通してみる。

　すると，段落⑩に「だから，世界の子どもたちみんなが，幸せだとはけっして言えない」とある。段落③に対応する「大きな問いの答え」と読むことができる。

　したがって，序論は，段落①②③であり，性格は「話題の提示」と「大きな問いの投げかけ」である。ただ，まだ明確ではないが，段落②は「日本の子どもたちは幸せ」と断定しているのは，「はじめのまとめ」の性格も含んでいるといえそうだ。

　序論で投げかけた「大きな問い」に関わって，段落④から詳しい説明が始まっている。説明が述べられている段落⑨までが本論と捉えられよう。段落⑩で，「このように」と括ってまとめていることからも妥当だろう。

　段落⑩が「おわりのまとめ」，前述したように「大きな問いの答え」の性格も含む結論である。続く段落⑪はそれを受けて，筆者・丘さんが読者である日本の子どもたちへメッセージを発している。したがって，結論の性格は，「おわりのまとめ」＋「大きな問いの答え」＋「筆者のメッセージ」の三つを合わせもつ。

　ここまで読んでくると，丘さんの伝えたいことの中心（要旨）も大きくは見えてくる。

　ただ，まだ，この段階では，「伝えたいこと」を納得して受け取ってはいない。そのためには，本論に書かれている「説得のための説明」を詳しく読む必要があることを子どもたちは知っている。

　そして，その読みの方法として，「本論の大部屋から，名前のある複数の小

部屋へ」という捉え方も，また，学んできている。

　5年生の子どもたちは，たやすく，本論の小部屋が三つであると把握することができた。そして，小部屋の名前を「きょうだいのように」「重要語句を落とさず」「まとめの大部屋を大切に」検討した。

大部屋	小部屋	段落	小部屋の名前
序論		①②③	★性格　○「話題の提示」＋「大きな問いの投げかけ」（＋「はじめのまとめ」）
本論	1	④⑤	＊名前　○食事をとれない，世界の子どもたちのつらい生活（栄養面）
	2	⑥⑦	＊名前　○学校へ通えない，世界の子どもたちのつらい生活（教育面）
	3	⑧⑨	＊名前　○病気で命をなくす，世界の子どもたちのつらい生活（医療面）
結論		⑩⑪	★性格　○「おわりのまとめ」＋「大きな問いの答え」＋「筆者のメッセージ」

説明文「日本の子どもたちと世界の子どもたち」の要旨

○日本の子どもたちは幸せだが，世界の国々には，つらい生活の不幸せな子どもたちがたくさんいる。だから，日本の子どもであるあなたは，日本に生まれたことに感謝し，大人になったら，世界の子どもたちの幸せのために力を貸してあげよう。

3　説明文の「論の展開の仕方」の検討

　ここまでの学習で，この説明文の要旨（筆者・丘さんの伝えたいことの中心）は，ほとんど把握できたと言っていいだろう。

けれども，文章の要旨を正確に受け止めただけでは，説明文の読みは完結しないことを５年生の子どもたちに教える。新たな学習の段階である。

> 説明文を読むとは，筆者が伝えたいことを読み取るだけではありません。
>
> その筆者が伝えたいことが，どのように表現されているかを考えることが必要です。
>
> そして，その表現の仕方（論の展開の仕方）について，その良さ，または改善点を自分なりに考えてみることが重要です。
>
> さらには，筆者の伝えたい考えや意見に対して，読者として自分の感想を持つこと。それができたとき，初めて「自分はその説明文を確かに読んだ」と言えます。また，そうすることが，説明文を書いて何かを自分に伝えようとしてくれた筆者への「礼儀」なのです。

確かに，筆者・丘さんは待っているはずである。自分の文章を読んでくれた，日本の子どもたちが，どのように受け取ってくれたか。そして，自分の文章の表現の仕方で，自分の伝えたいことを納得して受け取ってもらえるのか。

丘さんへ手紙を書くため，子どもたちは，この文章の「論の展開の仕方」について検討する。

最初に，その「良さ」を考えた。「だから，私は納得して受け取れたよ」という表現の良さ。

○「良さ」１　美しい仕組みの文章であること。

まずは，何よりも，美しい仕組みの文章であること。その構成が捉えやすく，最初の一読でも，筆者の丘さんの伝えたいことが大体分かる。

○「良さ」２　接続詞が巧く使われていること。

本論の小部屋の最初に，「まず」「また」「さらには」と接続詞が効果的に使われているので，その小部屋の構成が分かりやすい。また，③段落の「では」，⑨段落の「けれども」など，論の展開も捉えやすい。

○「良さ」3　日本と世界を比較し説明していること。
　　三つの小部屋で世界の子どもたちのつらい生活の実態を説明しているが，その際，いつも日本の子どもたちの生活とを比較しながら述べている。これは，より強くその事実が伝わってくる表現の仕方である。

　これらの表現の仕方の「良さ」を押さえた後に，次なる大切な学びに入る。
　論の展開の仕方の「改善点」についての検討である。筆者の丘さんの「伝えたいこと」は受け取ることができた。その上で，だからこそ，「その『伝えたいこと』をこのように伝えたら，もっと私にはよく伝わるのにな。」という観点で，この文章の論の展開の仕方を吟味したのである。
　まず，本論の小部屋の並べ方に焦点をあてて，意見を述べ合うことにした。
　本文は，「食事（栄養面）」−「学校（教育面）」−「病気（医療面）」の順に小部屋が並んでいる。この順番について，子どもたちは考えた。
　彼らがこだわったのは，対象である読者「日本の子どもたち」，つまり自分にとって身近なものから小部屋を並べるべきということ。したがって，「食事」よりも「学校」から始めた方がいいという意見がでた。「読者にとって，身近なものから遠いものへと」と一般化を図る典型的な論の展開方法を踏まえた妥当な考え方であろう。
　この考えは，さらに，「食事」と「病気」がいずれも命に関わる重要なことだから，続けて並べるべきだと補強される。食事をとれないことが原因で病気になり，その病気を治せず，死に至るという論の展開である。
　また，事例のもっている深刻さの観点から，「学校」−「食事」−「病気」の順という意見も。

　もう一点，この文章の論の展開の仕方において，検討すべき重要な一文がある。⑦段落の「その大きな理由は，まずしいことです。」
　子どもたちも，この「まずしさ」が「学校」だけに関わる理由ではなく，「食事」と「病気」においても，大きな理由であることを指摘した。そして，だと

すれば，三つの小部屋全体をくくるように，「まずしさ」について述べるべきだと，子どもたちはまとめている。

　以上，説明文の「論の展開の仕方」について自分の意見をもつ学習について述べてきた。

　ただ，この学びの過程で，子どもたちには何度か強く話した。

　筆者は読者である「あなた」に分かって欲しいという願いを込めて説明文を書いている。その思いに敬意を払いなさい。その上で，「こうしたら，もっとよく私に伝わるよ」という意見を筆者に返してあげるつもりで，「論の展開の仕方」の改善点を考えなさいと。誰かの文章の欠点を喜々として探す「嫌な読者」を育てようと，私は思わない。

　丘さんの文章の「伝え方の良さと改善点」について，ノートのまとめを掲載しておく。

丘さんの文章の伝え方について

①「伝え方」の良いところ

　①段落から③段落までの序論で，身近な話題を提示し，引き込まれるようにして文章の中に入っていける。それに加え，問いの投げかけをすることによって，読者に「何だか面白そう」と思わせている。

　また，美しい仕組みに沿って構成されていることもいい。これによって，伝えたいことがよく分かる。重要な言葉を反復して強調したり，日本の子どもたちと世界の子どもたちを対比させながら説明していることも分かりやすい点だろう。

　さらには，「まず」「また」「さらには」という接続詞が小部屋の頭に付いていることで，小部屋の区別がはっきりするし，その小部屋で述べられていることもすっきりと分かる。それに加えて，指示語を上手に使いこなすことによって大変分かりやすい。

②「伝え方」の改善点

　まず，小部屋の並べ方について。丘さんは，「食事→学校→病気」とい

う順に小部屋を並べているが、「食事→病気→学校」の方がいいと思った。なぜかというと、食事がとれず、病気になり、その病気で命をなくすという展開だからである。食事と病気は関連があるのに、その間に学校が入ってしまっている。

　また、学校を最後に持ってくるのにも意味がある。食事は取らないと死んでしまうが、学校へ行かなくても死なない。その優先順位を考えると、「食事→病気→学校」となるからだ。

　次に、⑦段落で「その大きな理由は、まずしいこと」と述べていることである。これは、「学校」だけに関係するのではなく、すべての小部屋（食事・学校・病気）に関係する。だから、三つの小部屋の最後に新しく⑩段落をつくり、そこで貧しさについて書くべきだと思う。

4　丘さんの「メッセージ」への返事

　5年生の子どもたちの学習は、最終段階に入った。筆者の「伝えたいことに自分の意見・感想をもつ」という学びである。

　これまでの学習をもとに、筆者・丘さんが文章を通して、日本の子どもたちに宛てたメッセージを受け、日本の子どもたちの一人として意見をもち、返事を書く活動を組んだ。

　多くの子どもたちがこだわったのは、「幸せ」という言葉と、「子どもだから何もできない」という丘さんの意見である。

丘さんのメッセージについて

　最後の⑪段落に「日本の子どもたちは幸せです。この国に生まれたことに感謝して…」というメッセージがあります。

　私も賛成です。今の日本の子どもたちは「生きていける」という面ではとても幸せです。だから、この国に生んでくれた両親に感謝します。

けれども本当に日本の子どもたちは幸せなのでしょうか。

友達関係での悩み，誰から来たのか分からない悪口のメール。一年間に自殺者は約三万人。こんな世の中に生きていて，本当に日本の子どもたち全員が幸せだと言えるのでしょうか。

確かに，日本には私のように幸せを感じる子どもたちはたくさんいます。世界の子どもたちは，それに比べて「幸せでない」と言えるかもしれません。

しかし，まずしくても笑顔で精一杯生きようとする子どもたちがいるでしょう。自分の幸せは，自分で決めるものです。

子どもの私がこんなことを言うのは生意気ですが，「幸せ」の言葉の意味を考えて使った方がいいと思いました。

もう一つ気になったのが「今は子どもだから何もできませんが…」という一文です。

子どもでも募金ができるし，私たちのようにユニセフ活動をすることができます。

だから，せめて「子どもでもできることを考え，努力してみましょう」というようにしたらどうでしょう。

5　アクティブ・ラーニングの説明文授業創りと，筆者への敬意

読解力育成の風潮のもと，全国各地で「批評読み・批判読み」の実践が展開されている。書いてあることを正確に読み取ることに終始する読解学習を越えて，読みの主体を学習者である子どもに置く，アクティブ・ラーニングの学びの方向性に，私は深く首肯する。

けれども，説明文の読みでどうしても重視したいのは，筆者への「敬意」である。読者である自分に伝えようとして精一杯の工夫をして書いた筆者の思いを否定するような「批評読み・批判読み」をだから私は認めない。

　最後に。「丘椎三」は「おか しいみ」と振り仮名をつけた。一連のすべての学習においては，あえて「筆者の丘さん」と子どもたちの前で言ってきた。この「丘椎三」は「おかしいぞう」とも読める。そう，「丘椎三」は，私のペンネーム。子どもたちに説明文を読むことの意義を教えるために，私自身が筆者となり，この説明文「日本の子どもたちと世界の子どもたち」を書いた。

　5 年生の子どもたちは，私，二瓶弘行に向けて，精一杯の手紙を綴った。

特集◎令和の教育課題──学制150年を踏まえて

●

立ち止まってキャリア教育を考える

自分自身を拠り所としたキャリア形成を目指して

●

中間 玲子○なかま　れいこ

はじめに

　キャリア教育をめぐる議論では,「キャリア」とは何か,「キャリア教育」とは一体何を行うものなのか,に,明確な定義や形を与えていく努力が蓄積されてきた。2011年までに「一人一人の社会的・職業的自立に向け,必要な基盤となる能力や態度を育てることを通して,キャリア発達を促す教育」という定義が示され,「子ども・若者がキャリアを形成していくために必要な能力や態度の育成を目標とする教育的働きかけである。」という共通理解をもとに,「キャリアの形成にとって重要なのは,自らの力で生き方を選択していくことができるよう必要な能力や態度を身に付けることにある。…（略）…キャリア教育は,子ども・若者一人一人のキャリア発達を支援し,それぞれにふさわしいキャリアを形成していくために必要な能力や態度を育てることを目指すもの」（以上,中央教育審議会, 2011 より）と明記されるに至った。2022年に出された『小学校キャリア教育の手引き』（文部科学省, 2022）においては,キャリア教育で目指される必要な能力や態度である「基礎的・汎用的能力」について,能力論からの詳細な検討が加えられており,キャリア教育の方向性はかなり明確になっ

たと思われる。

　だが，そのように目的が定まると，「いかに実現するか」という議論ばかりが展開されることが多い。それはそれで大事なのだが，そればかりを考えていると，キャリア教育はかえって難しくなってしまうのではないかと思われる。キャリアという概念は「個人から独立しては存在しえない」（渡辺・ハー，2001，p.16）。それは，個人の自己やアイデンティティを反映した「生き方」が，社会において実現するありようだからである。同じ道を選んだとしても，「誰が」「どのように」進むのかによって，その道の景色は大きく変わる。キャリアを自己やアイデンティティと切り離して考えることはできない。

　教育心理学で有名な言葉に「適正処遇交互作用」というものがある。やや難解に響く言葉であるが，要は，学習者の個人差が，教授方法の効果を左右する，という現象を指摘する言葉である。自己やアイデンティティと深く関わるキャリア形成に関わる教育においては，特にこの交互作用の考慮が必要になると思われる。そのためには，先にあげたような目的について，「いかに達成するか」という点からだけではなく，「いかなる難しさがあるか」という点から個人差に目を向け，それに即した教育の議論を行うことも必要だろう。

1　キャリアの重要性の認識が，キャリア形成を困難にする？

　キャリア教育の必要性が叫ばれ始めた2000年前後，マスメディアを中心に，若者の「やりたいこと」志向や「自分らしさ」へのこだわりに対する批判がしばしば展開されていた。そのようなこだわりが，職業決定を妨げて就業問題をひき起こしているという趣旨であった。自分を拠り所にしてキャリアを形成することの重要性を主張する声がある一方で，深刻な社会問題を引き起こす原因として位置づける向きもあったのである。

　実際には，自分のやりたいことを志向することや，自分に適した職業があるという信念は，職業未決定を直接規定するものではないという研究結果が報告されており（安達，2004），その批判は臆見であったといってよい。

　ただし，安達の研究結果は，やりたいことを大切にすることが職業決定を促すわけではないことを意味するものでもあり，加えて，その志向性が高い者に対しては，自己を現実世界とすり合わせて考えさせる方向づけが必要であると主張されていることには注意が必要である。また，萩原・櫻井（2008）の大学生を対象とした調査によると，「やりたいこと」を見つけなければならないと他律的に動かされているグループにはやりたいことを見つけられない者が多く，進路決定や進路選択に対する不安の得点も高いことが報告されている。

　自分自身を拠り所としたキャリア形成を求めることが，より問題を深刻化させている例であり，自分自身を拠り所としたキャリア形成の重要性を認識するがゆえに，キャリア形成が難しくなるという逆説性が興味深い。

2　「やりたいことがない」とはいかなる問題なのか

　「やりたいこと」は自分自身の価値観や考え方，興味・関心などを反映したものであり，それが明確な場合には，選択主体としての自己は効力的にふるまうことができる。逆にそれが不明瞭な場合，進路選択が停滞するだけでなく，「自分にとって大切なことは何なのだろう」「自分は一体何を考えているのだろう」といった問題にも発展する。これは"アイデンティティの混乱"と呼ばれるものであり，青年期の様々な不適応状態と関連することが知られている。

　アイデンティティが混乱している状態の時に人生の方向性を尋ねられると，「自分で自分が分からない」ことに直面させられ，「その混乱した自分が，人生というとても重要なことを決めなければならない」という不安が膨らみ，アイデンティティのさらなる混乱や自己への否定的感情の増大につながる恐れがある。だが，様々な選択・決定を重ねる中で自分自身の価値観や信念が徐々に明確になり，混乱していたアイデンティティは統合の方向へと発達していくのであり，選択・決定の機会がなければアイデンティティ発達も進まない。よってアイデンティティが形成されるのを待つために選択・決定を引き延ばすというのは合理的判断とはいえない。進路選択はあらかじめ決められた客観的な時間

に従って答えを迫ってくるものであり，個人のアイデンティティ形成を待って，締切の期日が設定されるわけではない。それゆえ，「やりたいことがない」状態の者も，その現状の中で進路選択に向き合う必要がある。

　ただしこの「やりたいことがない」という言葉は非常に多義的である。それぞれが抱えている様々な問題が，同じ言葉で表現されているのであり，それが何を意味するのかは一義的に定めることができない。「やりたいことが何もない」という意味なのか，「そこにはやりたいことがない」という意味なのか，「やりたいことが多すぎて選べない」という意味なのかで，問題の本質も，対応すべきことも異なってくる。

(1)　「やりたいことが何もない」

　「やりたいことが何もない」場合，まずはそれが「何もやりたくない」に起因していないかを確認する必要がある。もし「勉強したくない」「働きたくない」など，現実社会で適応的に生きていくために求められることに向き合えないという場合ならば，「何かをする」ことの動機づけを個人の中で作り上げることが必要だ。社会で生きていくこと自体を励ます必要がある。これについては次節3の議論が参考になろう。

　やる気はあるのに「やりたいことが何もない」場合，検討する選択肢を増やす方向性が考えられるが，同時に必要なのは，選択肢への自我関与を強めることである。平たく言えば興味をもつということであり，その状況下の「もしも」に能動的に関わってみるということである。そこで自分はどのようにふるまい，何をすることができるのか，どのように自分を生かせるのか，具体的に考えてみるとよい。自我関与することで選択肢は自分と関連づけられ，自分にとっての独自の意味をもつものとなる。それをふまえた上での検討が可能になる。

　この活動はアイデンティティ獲得に至るための「役割実験」と趣旨を同じくする。そのため，この活動から自分が何に価値を感じ，さらに関与したいと思うのか，何に「違う」と感じるのかなど，自分のやりたいことや自身の価値観をとらえるヒントも得られよう。そうでなくとも，深刻なアイデンティティ拡

散に向かうのを防ぐことには多少の貢献を果たすのではないかと思われる。日本人は状況や関係性の中で自己を見出す傾向があり，「やりたいことは」「私とは」といった抽象的な問いの中でそれらに答えることは苦手なようである（Cousins, 1989）。特定の状況下で自己に向き合うことで，自分にもそれなりの自分らしさがあることに気づきやすくなることが期待される。

　それとは別に，本当はやりたいことがあるのに，それを「やりたいこと」とすることがためらわれ，「やりたいことが何もない」という状態に陥っている場合もある。「やりたいこと」は自分にしか決められないものであるはずなのだが，「他者から評価されるやりたいこと」や，「正解とされるようなやりたいこと」であることを暗黙の条件に置いてしまっており，それに見合う「やりたいこと」がない，というものである。

　以前，「個性重視の教育」が国の教育方針として打ち出されたとき，それが，国が求める個性を有することを児童や生徒に要請するものとして作用してしまったという事態があった。児童や生徒たちは「個性」に敏感になり，自分の個性は他者に受け入れられるものか，自分は人から評価される個性を有しているかを常にモニタリングすることとなった（土井, 2004）。同時に，「平凡で個性がない個性」という悩みを抱えることにもなったとされる。キャリア形成における「やりたいこと」についても，同様の事態が生じている可能性がある。本人が価値を見出せないがゆえに思考の枠外に追いやられている場合も想定される。

　また，日本人は，特別な役割や位置づけを求めず，大勢の人と同じところに位置づく「ふつう」の存在でありたいという思いが強いことが知られている（生井, 2015）。自分らしい生き方を目指す際にも「何が『ふつう』の自分らしい生き方か」と暗に考えてしまう傾向は否めないだろう。これは日常の中で身につけてきた個人の適応的態度の副作用ともいえる。

　平凡で個性がない「やりたいこと」や，表現するレベルのものではないと本人が決めつけてしまっている「やりたいこと」が，その者のキャリアにとっていかなる価値をもつのか，むしろ他者の方が理解できることが少なくない。ま

してやそれを思考の枠外に追いやっている場合，それをやりたいこととして想起するには外からの問いかけが不可欠である。のみならず，他者との相互作用で得られた価値づけを本人が受容し，自身でそれが「やりたいこと」だと承認することも必要である。自分が思い込んでいたこととは異なる見解である場合，それを本当に受容できるまでには時間がかかることも留意しておきたい。

(2) 「そこにはやりたいことがない」……………………………………………………

　やりたいことがあるけれども，「そこ」つまり既存の選択肢，既存の大人社会にはないという場合，まずは，「そこ」に自分を適応させる努力が推奨されるだろう。たとえば，プロのサッカー選手になることを夢見ていた子が，中学校で部活動のレギュラーにもなれず，到底その夢が叶いそうにもない場合，やりたいこと（プロのサッカー選手になりたい）はあるが，そこ（現実的に可能な選択肢）にはやりたいことがない，という状況である。大抵の場合，客観的に自分を再評価し，「やりたいこと」の調整をすることが求められよう。キャリアは自分のものでありながらも社会において実現されるものであるからである。この挫折はキャリア形成において必然的な経験といえる。

　だが青年期には，成人期以降と比べると自己への理想が高く設定されることが多く（Cross & Markus, 1991），それを断念するのが相対的に難しい時期にある。そこには児童期までの万能感の継続があり，それによって自己否定が高まるとされる一方，夢を実現させる原動力になるとみる研究者もいる（Elkind, 1984）。加えて，現代社会においては「やりたいこと」を実現する手立てが飛躍的に増大している。それらのことをふまえると，進路変更を目指すこと以外にも，その現状への向き合い方がありそうである。

　たとえば，「やりたいこと」を捨てきれないために停滞している者は，むしろ夢にこだわり，それをいかに実現するか，実現するのに必要なのは何かを現実的に検討することに取り組んでみるのもよいだろう。それは通常のキャリアデザインと何ら変わりない。難易度の高い作業であるが，それに取り組むことで，その夢と現実の架橋が叶わなくとも，現実と架橋しうる夢の創造や，現在

の自己を未来に方向付けることができれば，キャリア形成に動き出せる。

⑶ 「やりたいことが多すぎる」……………………………………………

　通常，選択肢があることは幸せなことだと考えられている。自分で自分の生き方を選び取るキャリア形成が叫ばれる時代，自分の人生が自由な選択に開かれた時代は，非常に幸福な条件で生きられる時代といえるだろう。

　ただし，選択肢の数には適量がある。たとえばこんな報告がある。ジャム売り場にジャムが6種類ある場合と24種類ある場合，24種類ある方が見た目も華やかで，おそらく人々はその売り場をより魅力的に感じるだろう。だが実際に選ぶ段階においては，その種類の多さは魅力的な条件になっているわけではないというものである。それぞれの試食コーナーでお好きなジャムをどれでもどうぞと薦められた場合，24種類の場合も6種類の場合も，人々が試食したのはせいぜい2種類程度であったという。さらに試食後に渡されたクーポンを使って売り場で実際にジャムを買うという段階になると，6種類のジャムから試食したグループの場合は30%の人が購入したのに対し，24種類のジャムから試食したグループの場合は3%の人しか購入しなかった (Iyengar, 2010)。つまり，選択肢が多すぎることで，人はかえって決めることができなくなっていた。

　キャリアの選択は，ジャムの選択よりも深刻で重大である。だが，多すぎるために決められないという事態が起こりうるのは同じである。そこには，私たちが認知的に処理できる量の限界も関係しており，まずは大量にありすぎる選択肢を検討可能な数に落とし込む作業が必要になる。機械的に数を定めてその中から選ぶという作業を繰り返す方法でもよい。

　また，先の研究を行ったアイエンガー (Iyengar, 2010) は，自由選択が善だという信念を捨てて，選択を放棄することも有効な選択だと述べる。その際，信頼できる専門家の知恵を借りることなど，他者に選択をある程度ゆだねることもありえるという。ここで主張されるのは他人任せにすることではない。信頼できる他者の意見を取り入れる選択を行うということである。自分で選ぶということは，自分ですべて考えなければならないことを意味するわけではない。

多くの人と対話を行い，様々な考えを取り入れながら，自分なりのものの見方ができていくのである。「自分で決める」という過程に，他者の意見を取り入れる過程があっても何ら問題はない。そもそも私たちの価値観や考え方は，他者との相互作用の中から形成されている。

3　キャリアを形成するのは今日の自分

　アイエンガーは，自分で選択することの価値を絶対視する態度に対して問題提起を行う中で選択の放棄に言及しているが，キャリア形成を考える上でもその提案は示唆的である。すなわち，キャリア形成もまた，「選択」が全てではないということである。もちろん選択は重要である。だが，キャリア教育隆盛の現代においては，計画に基づく適切な未来の選択が，キャリア全体に対して及ぼす影響力は相対的に低下している（下村，2008）。選択した後にも新たな選択を迫られる機会が訪れるし，また，選んだ先でどのようなキャリアが形成されるのかは，その先の自分次第だからである。その人のキャリアにとって最も重要なのは進路先でどのような行動を重ねていくかということである。

　たとえ最適な進路選択ができなかったとしても，その先に自分らしいキャリアを形成していくことは十分可能である。逆もまた然りである。その選択が最適であったか否かの答えは，その後，その場でどのようなパフォーマンスを行えるのかを見てみないと分からない。私たちは，それぞれのキャリアの選択主体であると同時に，実践主体でもある。さらに言うと，その実践は孤独な過程ではなく，他者や出来事との間で繰り広げられる相互作用の過程である。実践主体としての自己は，自身のキャリアを形成するとともに他者のキャリア形成にも関与している。実践主体としての自己の意識をもつことで，ひとまず今日この一日を生きようという意識が保たれるのであれば，それはキャリア形成にプラスの作用を及ぼすだろう。

　やりたいことがあろうとなかろうと，自分に満足していようといまいと，人生は進んでいく。キャリア形成において，自己は次の場所へと運ばれる客体で

あったり，次の場所を決定する主体であったりするのだが，同時に，それぞれの場所で生き続けるキャリアの実践主体でもある。進路選択に悩み停滞している状況であっても，今日の過程が振り返ってみればキャリアを構成する重要な要素になっているかもしれない。それは一定の時間が過ぎてみないと分からない。キャリアという言葉の語源には“轍”という意味もある。キャリアには，迷いながらも歩き続けることで見えてくるという性質がある。

4　キャリア教育に向き合うために

　自己や人生に向き合うことを促すキャリア教育の場面に，教師はどのように向き合うことができるだろうか。キャリアが個人それぞれのものであることや，今後の社会がどのように変化するのかについては誰にも分からないことなどの事情が重なり，キャリア教育において，教師は児童生徒よりも「多くのことを知っている立場」に身を置き続けることができない。

　そのことを前提にしつつ，キャリア教育に携わる教師に求められることとして，ここでは，自己や人生に向き合うことは難しいということを知ること，実践主体としての自己の認識を促すこと，教師側も同じくキャリア形成に向き合っている同志であるという意識をもつこと，の3点をあげたい。

(1)　自己や人生に向き合うことは難しいということを知ること…………

　これまで見てきたように，自己や人生に向き合うことにはいろいろな難しさがある。改めて自己に向き合うことで，目を反らしていた自己に直面させられたり，受け入れがたい自己に出会ったりすることがある。自分について理解できていないことを思い知り，その自分であることの不安に襲われるかもしれない。それでもその作業はキャリア形成において必要なものであり，教師はそれを促すことになる。

　その時，まずはそのような難しい事態が生起しうる可能性をあらかじめ想定できていること，さらに否定的な事態を分析的にとらえる視点をもっているこ

とで，その問題に向き合うことが可能になると思われる。ここまで述べてきたこともその一助となればと思っているが，事態に向き合う参照点をもつことである。参照点があるとそれとの対比において事態を分析的にとらえることができ，否定的な事態に無防備に向き合うことを回避してくれる。それは教師の側に心の余裕をもたせてくれるであろう。その余裕が，児童生徒に向き合い，共に問題を検討することを可能にすると思われる。

(2) 実践主体としての自己の認識を促すこと……………………………………

　対象化された自己が否定的であったとしても，それは自分の全てではない。認識できる自己には限界があり，自分には未知の部分が多く残されている。加えてその状態は自己の最終結果ではない。今の自分がどうにも満足のいく存在ではなかったとしても，未来がまったく展望できない混乱した状態を抱えていたとしても，それでも，今ここで生き，日々の営みを続けていることは事実である。自己や人生は，まさにリアルタイムで更新されているのであり，それが未来の自分にとってのキャリアとなる。

　それゆえ，まずは，生き延びることにつながる水準での自己肯定を確保させたい。これはキャリア形成を考える上で問うまでもない大前提と思われるだろうが，案外，きちんと意識させないと実感できない者もいるだろう。どんな状態であっても今日一日を乗り切ったということは，その分自分の歴史が積み上がったということである。その事実を認め，その自分として生きられたという実績を無条件に肯定してもらいたい。

　そのことを児童生徒に伝えるには，今現在，自分自身がキャリアの実践主体として存在していることを意識させることが有効となろう。日常の中には，とらえきれない様々な自己のエピソードがあふれている。他者や環境と相互作用する主体としての自己が，時に，自分が思いこんでいる自己像とはかけ離れたふるまいをしていたりする。自分は，自分が理解している以上に様々な側面をもっている。そしてその可能性は，実践主体によってひらかれていく。実践主体としての自己の認識は，キャリア形成において何にも増して促したいところ

である。

　そのためには，自分がどのように時間を過ごしたのか，どのように人とやりとりし，物事にどう取り組んだのかなど，日々の実践記録に取り組んでみることなどが有効であろう。観察記録のような日記をつけてみるなどである。それは，先に挙げた，概念化された自己とのズレを見つける上でも有効なデータとなるだろう。また，実験的に行動を変えてみるなど，主体としての自己の能動性を感じる行動にもつなげることができる。何より自分が存在していた事実，他者との関わりにおいて相互作用する存在であったという事実を具体的に示す根拠となり，自身のキャリア形成の記録になる。

⑶　同じくキャリア形成に向き合う同朋としての意識をもつこと‥‥‥‥

　キャリア教育において，教師が児童生徒より「分かっている」という状態を維持し続けることは難しい。それぞれのキャリアに関する知識やスキルの面では児童生徒の方が詳しいこともあるだろうし，また，教師の思いもよらぬ発想で自身のキャリアを展望する児童生徒もいるだろう。児童生徒が教師を"越える"ことが当たり前に起こりうると考えた方がよい。

　では教師は越えられるだけの存在かというとそうではない。エリクソン（Erikson, 1980）の人格発達論によると，中年期には次世代を形成することが発達課題として訪れる。アイデンティティ探求の途上にある子どもの発達を支える中で，大人の発達過程も展開しているのである。アイデンティティが生涯発達的な過程となっている現在では，その年齢，その立場でのアイデンティティの再構成に取り組んでいるかもしれない。いずれにせよ，自己やアイデンティティと向き合い，キャリア形成の当事者として生きている点では教師も児童生徒と同じなのであり，同時代に生きる同朋なのである。

　このような意識をもつことで，教師の教育者としてのプレッシャーは多少なりとも低減されるであろう。実際，教育に携わる者は，児童生徒に向ける言葉がそのまま自分に向かってきて自分自身が揺るがされるということがあるように思うのだが，キャリア教育においてはそういう場面がより頻発しているので

はないだろうか。そのとき，人生に悩むことやアイデンティティが揺らぐことを「教師なのに」という言葉で咎めなくてよい。「人間」としての普遍的悩みに取り組むことで，教師自身も成長する。挫折や失敗や停滞が，人格形成の糧になり，教師としての器を広げる源になるかもしれない。

　また，児童生徒にとっては，単純に，キャリア形成に取り組むのが自分だけではないという孤独感を低減させるものになるかもしれない。また，教師も「分からない」のだということによって，自分が「分からない」でいることに対する寛容さが生まれ，それに耐えやすくなることも期待される。

　さらに，「分からない」ことに取り組み，苦しんできた経験値が高い教師の場合，それでも生きていける先例となることもできるだろう。経験値の高さがそのまま能力やスキルの高さであった時代と異なり，現在は，何かを教える立場としての年長者のアドバンテージを探すことは難しくなっている。だが，年長者の姿は，青年がこれからならざるをえない大人というカテゴリーを覗かせるものとなる。同朋たる大人の存在は，青年が自身のキャリアを考える上で，何らかの影響を及ぼしうるものであろう。その意味では，やはり教師には，「大人世代を生きること」を楽しんでほしいと勝手ながら思ってしまう。

おわりに

　自由に選択できる時代は，素晴らしい時代であると同時に，選択できない者にとっては苦しい時代でもある。だがそれは孤独な自己責任の時代ではないはずだ。自分のキャリアであるが，一人で作りあげるものではない。互いが互いのキャリア形成に関与し合い，社会生活の中でそれぞれが自身のキャリアを形成していく。クリスマスシーズンを描いた名作『素晴らしき哉，人生！』(1946年公開）は，まさにそのことを教えてくれる。

　キャリア形成は自己やアイデンティティに関する，自身の生き方に関する問題である。それは教育場面で扱われるようになったが，そこに「ふつう」や「標準」を求める必要は無い。もはやそれが求められないからキャリア教育が必要になっているのである。勝ち組・負け組など，社会の中でキャリアに優劣をつ

ける表現が存在するが，自分を拠り所としたキャリアを形成するということは，自分自身が納得できるものであるかをキャリア形成の要に置くということである。実践主体としての自己として，社会にしっかり関与しながら日々を生きているか。キャリアに悩み，立ち止まって動けない時は，まずはこの水準でキャリア形成を実践し，生き延びてほしい。

参考文献

安達智子「大学生のキャリア選択——その心理的背景と支援」『日本労働研究雑誌』46(12), 2004，27-37

中央教育審議会「今後の学校におけるキャリア教育・職業教育の在り方について（答申）」2011

　https://www.mext.go.jp/component/b_menu/shingi/toushin/__icsFiles/afieldfi le/2011/02/01/1301878_1_1.pdf（2022年12月22日閲覧）

Cousins, S. D. Culture and Self-Perception in Japan and the United States. *Journal of Personality and Social Psychology*, 56(1), 1989，124-131

Cross, S. & Markus, H. Possible selves across the life span. *Human Development*, 34(4), 1991，230-255

土井隆義『「個性」を煽られる子どもたち——親密圏の変容を考える』岩波書店，2004

エルカインド, D., 久米稔・三島正英・大木桃代・岡村美奈訳『居場所のない若者たち——危機のティーンエイジャー』家政教育社，1994

　（Elkind, D. *All grown up and no place to go: Teenagers in crisis.* Reading, MA : Adolison-Wesley, 1984）

エリクソン, E. H., 西平直・中島由恵訳『アイデンティティとライフサイクル』誠信書房．2011

　（Erikson, E. H. *Identity and the life cycle*, New York: International Universities Press, 1980）

生井裕子『「ふつう」への囚われと不適応——高校中退女性との面接過程の検討から』I-A『教育研究』57, 2015，81-89

アイエンガー, S., 櫻井祐子訳『選択の科学』文藝春秋，2014

　（Iyengar, S. *The art of choosing.* New York: Twelve，2010）

文部科学省『小学校キャリア教育の手引き』2022

　https://www.mext.go.jp/a_menu/shotou/career/detail/mext_01951.html　（2022年12月22日閲覧）

萩原俊彦・櫻井茂男「"やりたいこと探し"の動機における自己決定性の検討——進路不決断に及ぼす影響の観点から」『教育心理学研究』56(1), 2008，1-13

下村英雄「最近のキャリア発達理論の動向からみた『決める』について」『キャリア教育研究』26(1),

　2008, 31-44

渡辺三枝子・ハー, E. L.『キャリア・カウンセリング入門——人と仕事の橋渡し』ナカニシヤ出版,

　2001

特集◎令和の教育課題──学制150年を踏まえて

●

臨教審は何を考え，次世代への足場を創ったか

AI時代の人間教育への架橋を考える

●

今西　幸蔵○いまにし　こうぞう

はじめに

　令和とはどのような時代なのだろうか。COVID-19パンデミックやロシアのウクライナ侵攻といった問題が人類の生存を脅かし，急激なインフレが進行した結果，経済成長が停滞することが予想される。

　本誌のテーマは「令和の教育課題」を考えることにある。本稿は，令和日本の教育動向が国民にどのような影響を与え，どのような方向性で未来に向かうかを考察するため，臨時教育審議会（以下，臨教審）第一次答申以降の教育政策，すなわち生涯学習政策における人間形成，特に人格を育成するといった教育課題について論考する。課題は多々あるが，以下の３点に絞り込んで論じた。

　３つの論点とは，第一に，臨教審答申は生涯学習社会への移行を提唱し，学習者の主体性を重視した教育を導入したが，どのような人間観を目標とし，その後の学習指導要領改訂において，それをどう具体化したのかという点である。

　第二に，人格形成をめざした精神世界へのアプローチとして，各人の学びがどう進められたのかということであり，具体的には，心の教育や道徳教育を進めるにあたっての問題や課題はどうなのかという点である。

　第三に，VUCA の時代と呼ばれる不透明，予測困難な時期の令和の教育が，
情報化社会を発展させた形でＡＩ時代の教育にどのようにつながっていくのか
を予測するという点である。ようやく我が国の教育は情報化が広がりつつある。
課題は，ＡＩ時代の教育に向かうデジタル社会に象徴される物質的世界観と，
人間を中心とした精神的世界観の双方に基づく教育のあり方を問うことである。

1　臨教審が目指した人間観とは

　臨教審第一次答申（1985年）の基本的認識としての人間観について考えてみる。
同答申は，当時の教育の現状として，受験競争の過熱や「いじめ」などの教育
荒廃があり，それを極めて憂慮すべき事態であるとし，その要因を家庭，学校，
社会の在り方が複雑に絡み合っているとした。

　今日に至る教育荒廃が，近代科学技術文明がもたらした諸問題と関わる，物
質中心主義と心の不在，実証や数量化可能なものの偏重，崇高なものへの畏敬
の念の欠如，自然との触れ合いの希薄化，生命を尊重する心の不足などの問題
にあると考えられた。

　答申は，問題の背景に，戦後教育改革が急激であったため，人格の完成，個
性の尊重などの点で不十分な面が多かったのではないかと指摘した上で，将来
に向かう教育において，活力と創造性，豊かな人間性と心の触れ合いを回復す
ることが重要であるとした。臨教審はその役割として，戦後教育が見失いがち
であった自由と個性の尊重，しつけと自己規律，他者への思いやり，豊かな情
操，個と集団の調和，自然や超越的存在を畏敬する心など時代の変化を超えて
人間にとって「不易」なものの重要性を提起しようとしている。それは，戦後
教育改革が物質的なものに傾斜し過ぎたのではないかという反省であり，精神
世界に関わる学びを広げようとする決意とも受け取れる。

　それでは，臨教審が取り上げた生涯学習観の根拠につながるユネスコの文献
はどう論じているのであろうか。生涯教育を提唱したラングラン・レポートは，
人間存在を身体的，知的，情緒的，性的，社会的，霊的なものとして受け止め，

そこに個人の要求があると考えていた（ラングラン，1984）。また，生涯学習の基本的文献の一つであるフォール・レポートは，「もし個々人が，自己自身のためにもまた仲間のためにも，その本来発揮すべき方向に向かって伸びるべきであるならば，教育において，とくに学校において，パーソナリティの多面性の尊重が本質的なこととなる。パーソナリティのすべての構成要素の調和のとれた発達に欠くことのできない複合的態度は，個々人の教育の過程において刺激され，形成されねばならないのである。」とし（Faure et al., 1975），個人の全面的な発達の対象に，精神，肉体，知性，感性，美的感覚，責任感，倫理観などをあげている。知識やスキルの獲得を重視する欧米社会の教育において，精神世界の形成に向かう教育の必要性を訴えている。一方，我が国は，教育基本法第一条において人格の完成を目指すとしている。人格の根幹となる精神性の涵養に関わる教育を目標に，人間形成の在り方，進め方を明確にし，具体化していく必要があると考える。

2 1989年以降の学習指導要領改訂と生きる力・学ぶ力

臨教審がキーワードとした生涯学習の考え方は，その後の教育制度改編の中で具現化され，学習指導要領の基本的な考え方に示された。1989（平成元）年の第5次改訂以降の学習指導要領には臨教審の強い影響があると考える。

第5次改訂学習指導要領においては，「社会の変化に自ら対応できる心豊かな人間の育成」を目標とし，道徳教育の充実を期している。「豊かな心」を育成することを強調した点と，自己教育力の獲得を重視した「新学力観」で構成した点で，生涯学習の考え方が鮮明になったと言える。

「心豊かな人間の育成」という観点は，1970年代の国際社会の「人間化」を目指すという動向を鋭敏に感じ取ったものであり，臨教審が求めた「豊かな人間性と心の触れ合いを回復する」という問題提起につながっているが，実は，臨教審以前の第4次改訂学習指導要領（1977年）は，①知・徳・体の調和のとれた人間性の育成，②基礎的・基本的事項と教育内容の精選，③ゆとりのある

充実した学校生活，④教師の自発的な創意工夫を指針としてあげており，1970年代の国際社会の動向を反映したものになっている。

　第5次改訂学習指導要領は，これまでの知識・理解・技能の3つの力の修得に力点が置かれてきた教育課程の考え方に対し，自己教育力を提示しており，学習性を強調した最初の改訂であったと考える。児童・生徒の学習への意欲・関心・態度を重視し，自己教育力の獲得を目標とし，思考力・判断力・表現力等の能力の育成といった課題を前面に示したのである。

　「新学力観」の中核をなす自己教育力は，生涯を通じての自己学習力につながり，後に「生きる力」として重要な教育目標になった。現代の子どもたちには，物質面と精神面双方において必要とされる教育や訓練の機会を与え，自ら学習する力を身につけさせる必要があり，「生きる力」はそうした力を包括した学力観だと考える。「生きる力」は，自ら課題を見つけ，自ら学び，自ら考え，主体的に判断，行動して問題解決していく資質・能力であり，自ら律しつつ，他者と協調し，他者に対する思いや感動する心を持つなど，豊かな人間性を求めるものである。

　1998年の第6次改訂学習指導要領は，「生きる力」につながる学びを生み出すことを課題とした。教育課程を構造改革することを明確に示し，その考え方を「生きる力」と「ゆとり」というキーワードで表した。この改訂は，1996（平成8）年7月に第15期中央教育審議会が答申した「21世紀を展望した我が国の教育の在り方について」に基づいたものであり，子どもたちの生活と家庭や地域社会の現状を認識し，それを改善することに重点が置かれた。

　答申では，「ゆとり」をなくした子どもたちの生活の現状を問題視し，生活体験や社会体験の不足のため，子どもたちの人間関係を作る力が弱く，社会性が不足していることを指摘し，倫理観の低下について記した。さらに，教育における「不易」なるものの存在をあげ，「豊かな人間性，正義感や公正さを重んじる心，自らを律しつつ，他人と協調し，他人を思いやる心，人権を尊重する心，自然を愛する心など，こうしたものを子供たちに培うことは，いつの時代，どこの国の教育においても大切にされなければならないことである」（中央教

育審議会，1998）と論じた。また，新しい時代に向かう「流行」に触れ，子どもたちが自己実現を図りつつ，変化の激しいこれからの社会を生きぬくために必要な「資質」や「能力」を身につけていくことを求めた。「知識の陳腐化」「将来予測の不明」が指摘される中，マルチメディアなどの情報化の進展に期待を寄せ，「生きる力」を提唱することによって問題解決を図ろうとしたのである。

その後，「ゆとり」という言葉が批判されることになったが，それは本来の意味とは異なった理解であり，1996年の答申が求めたものは，個に応じた適切で，丁寧な指導であり，「生きる力」を育むための「ゆとり」と「充実」といった観点で理解すべきであった。

2008（平成8）年の第7次改訂学習指導要領は，再び「生きる力」の育成を示し，学びのコンテンツとしての「基礎的・基本的な知識・技能」と認知系コンピテンシーとしての「思考力・判断力・表現力」の習得を目標とした。

次の2017（平成29）年の第8次改訂では，「言語活動の充実」に代わり，「アクティブ・ラーニング」を取り上げ，「学びに向かう力・人間性等の涵養」といった非認知系コンピテンシーの獲得を目標とした。この目標は，コンピテンシー概念をさらに深化させたものであり，「社会情動的スキル」として捉えられる。

具体的には，「忍耐力・自己抑制・目標への情熱」「社交性・敬意・思いやり」「自尊心・楽観性・自信」といったことを学ぶことであり，それを「目標の達成」「他者との協働」「感情のコントロール」の3つのスキルとしている（経済協力開発機構編著，2018）。

一方で，経済・職業社会の変化に見合って変容できるような汎用的スキルの習得を求めた。将来において個人に課せられるリスキリングに備えるためであり，子どもたちに幅広い教養を身につけさせ，さまざまな事象に対応できることを目指した。この学習指導要領改訂は，学力観としてのコンピテンシー概念の影響が強く，キー・コンピテンシーのフレームワークの核心とされる「省察力（Reflectiveness）」の理解が必要である。「省察力」が，「社会空間を乗り切ること」「差異や矛盾に対処すること」「責任をとること」を構成因子としている点が重要であり（ライチェン・サルガニク，2006），「全人的な力，さまざま

な観点から敷衍することができる力」としての「生きる力」は，生涯学習社会の教育目標そのものである。

　正解がなく，将来予測が不明な社会，すなわち時宜に見合った最適解しかない中で新しい知識を創造していく上で必要なことは，個人だけが創造主ではなく，他者との人間関係による社会的創造ができるか否かという点が重要である。「学びに向かう力・人間性等の涵養」といった学びの力を身につけることによってはじめて，社会の複雑性に向き合うことが可能になると考える。

3　心の教育と道徳教育

　人格形成の在り方や進め方を問う本稿の論点の二つめが，豊かな人格形成を目標とし，各人の精神世界での人間形成をどのように進めるのかという点である。1990年代後半，人間の精神性を育てることを目的に，地域住民が主体となり，全国各地で展開された教育運動に「心の教育」があった。

　この実践の原理となる「心」の教育を進めることについて述べた梶田叡一氏の説明を要約すると，私たちは自分の内側を充実させていきたいと考えるのであり，私たちは心を内面性とか内的世界と言ったり，「自己」を育てるという言い方をしたり，顔の後ろ側の世界を育てたいといったりしたという（梶田，2020，p.248）。現代人の基本的な脆弱さに，「心の未熟さ」「心が育っていない」といった大きな課題があるとも指摘している（梶田，2020，p.250）。さらに，教育を国家百年の計で見たときに，知識・理解・技能のような道具を賢明に，あるいは人間らしく使いこなせる人が育たなければならないとし，その上で主体形成に取り組むことの重要性を訴えている（梶田，2020，pp.258-284）。梶田氏は，こうした主体形成を行う上での具体的方策を6点あげている。「情緒的な安定性」「意欲・好奇心」「感性」「共感性」「自己統制力」「内的対話の習慣」である。

　問題は，人格形成をどう進展させるかという当初の問いかけである。精神世界の涵養に結びつく心の教育を実施するカリキュラムが，教科外活動としての

「道徳」であり，現在は，「特別の教科 道徳」として教科群に加えられている。

　第8次改訂学習指導要領は，「教科道徳」の目標を「よりよく生きるための基盤となる道徳性を養う」とし，「道徳的諸価値についての理解を基に，自己を見つめ，物事を多面的・多角的に考え，自己の生き方についての考えを深める学習」「道徳的な判断力，心情，実践意欲と態度を育てる」としている。とはいえ，学習者主体の学びにおいて，道徳的な力を育てることが可能なのかという問題点と，そのための主体的な学習活動を組織できるのかという問題点がある。

　前者の問題点に関連して，オルポートはパーソナリティの発達のための要素，すなわち「生得的な傾向性」が三組あるという（オルポート，1959，p.60）。この三組とは，一つ目は，生存を助長するための本能的なもの，二つ目には，天賦と呼ばれる遺伝的特性，三つ目には，人間が潜在的な能力と学習の能力を具備していることを示し，「学習は，かくして，それが本能的および遺伝に基づいて作用するとき，多少ながら不変的な構造の形式に導きます」と述べ，この種の構造として，道徳的良心，自我の概念およびパーソナリティの階層的構造をあげている（オルポート，1959，p.67）。パーソナリティの生成過程は，刺激によって支配されるだけでなく，個人の可能性を実現する「生得的な傾向性」によってもコントロールされると考えている点が重要である。つまり万人が独特の人間になる傾向性があり，個人化への能力があると説く。パーソナリティ形成において，「学習」が不変的な構造の形式に導くとするならば，道徳的良心や自我の概念を正常に発達させる能力を養うことができるという考えに辿り着くことになる。

　後者の課題については，『教育フォーラム　58』の押谷論文（2016）が参考になる。押谷氏は，モラル・アクティブラーニングと名づけられた道徳教育の目標として，「自律的に道徳的実践のできる子どもたちを育てる」ことを掲げ，「当面する課題や問題に向き合い，その解決に向けて主体的に取り組み，よりよい自分や社会を創っていくことを目指すが，その根幹に位置づくのが道徳教育」であるとし，別書において，「特別の教科 道徳」の目標として，「人生や生活

に生きて働く道徳性を育てる」を提示し，「道徳的判断力と道徳的心情と道徳的実践意欲と態度を養う」ことを求めている（押谷，2018）。

　押谷氏は，道徳授業の本質を意味するものが，自我関与を重視した授業であるとし，実際の授業の在り方については，①多様に心が動くようにすること，②心が動くおおもとを押さえる，③状況について（背景も含めて）道徳的価値を照らして多様に考える。それと合わせて大切なのが，今話題にしていることがどのような状況の下で起こっているのかについてイメージをふくらませること，④自分や自己の生活や社会を見つめて自己評価を行い，課題を見いだせるようにする。⑤自己課題を事後につなげていくようにすることを挙げている。以上のことからも，学習者主体の学びが道徳的なる力を育てることになり，自我関与した授業において，主体的な学習活動を組織できるという仮説が成り立つのである。

4　令和の教育と今後の課題

　令和までの教育施策をまとめると，「確かな学力」形成による資質や能力の育成が，アクティブ・ラーニングによってより豊かなものになり，知識基盤社会に生きる子どもたちの成長を支援することになる。道徳教育の教科化にみられるように，「豊かな心の充実」に対する本格的な取組が始まり，今後の広がり，深まりが予測される教育界にあって，令和の教育はどうなるのだろうか。

　それには，臨教審以降の生涯学習社会における教育がもたらした成果に目を向けるとともに，令和時代の人間教育について検討することが必要である。

　COVID-19パンデミックは，いわゆる想定外の事態を生み出したが，一方では次の時代を可視化させつつある。学校・学級閉鎖等の事態に対して学校関係者は混乱したが，すぐに事態に対応した。教育現場では，三密対策を取りつつ，ハイブリッド形式と呼ばれる形式が採用された。デジタルを活用したオンライン形式と対面形式の教育が用意され，オンライン形式についても一方通行型とリアルデジタル対話型があり，学習者が自ら学習方法を選択，最適化できるハ

イフレックス形式が用いられることになった。

　学習形態の変化は，リアルな学びの場とバーチャルな学びの場の選択・融合を生み，サイバー空間とフィジカル空間をつなぐことを可能とし，Society5.0とされる新しい産業の在り方と近接する学びの空間が醸成されたと考える。

　これは，令和の教育が新しい学びの空間の中で豊かな人格を形成する可能性を有し，それを具体的に求める段階にあることを意味する。なぜならば，新しい学びの空間は，これまで以上に人間が主体的であることが求められ，社会の複雑性に挑戦できる態度，問題発見，問題解決および本質を直視する力量を必要としており，それは次のＡＩ時代の教育につながる課題となるからである。

　学びの空間で得られた学習成果を社会に還元する際に，学習者一人ひとりがどのような精神世界を持っているかということが問われる。生命の尊重，社会的包摂や個人の福利をめざすウェルビーイングな社会が求められる令和の今日ほど社会的連帯，社会的格差の是正などが望まれ，SDGｓやダイバーシティの考え方に立つことが希求されている時代はない。社会に対する認識と理解をたしかなものとし，さらに行動を生み出すためには，人間として精神世界が豊かなものでなければならず，人格形成が不可欠である。そこに，令和の教育の本質として問わねばならないものが見えてくるはずと考える。

おわりに

　臨教審第一次答申が提示した３つのテーマ（「個性重視の原則」「生涯学習社会への移行」「急激な変化への対応」）は，約30年を経て一定程度実現したと思える。

　学校や社会において，教育改革の重要課題である基礎学力の向上と，社会規範を遵守していく社会性の育成は確実に進展しているように見える。

　本稿の最初に示した３つの論点の第一については，学習者の主体性を重視した教育が導入された結果，目標とされるような人間形成が進んだと言えよう。

　第二の人格形成をめざした各人の精神世界に対する人間形成への問いかけは，ようやく教科道徳が緒に就いた段階でしかないが，デジタル技術の進展に伴っ

て心の教育や道徳性の涵養は重要課題になるであろう。なぜならば，ＡＩによって仕事の半数が奪われる予測がされ，ＡＩとの共同社会が現実化しつつあり，この流れがさらに加速すると思われる社会においては，人間の物質的な生活に幸福感を与えることを可能とするための知識を活用する教育が要求されるとともに，精神的な生活に対する要求が高まると考えられるからである。知識の創造には人間と社会との共同が不可欠である。

　第三にあげた不透明，予測困難な時期を迎えた令和の教育は，デジタル化されたものやＡＩなどに代表される物質的な世界観と，第二の論点で述べている精神的な世界観との有機的な統合を図ったものになることが予測される。

　ウェルビーイングにつながる物質的に豊かな人間生活の向上を図るとともに，心豊かな精神生活で暮らす，その調和の中で生きるところに人間教育の役割があると総括して本稿を終えたい。

　最後に，こうした研究と発表の場を与えてくださった梶田叡一先生に心からの感謝とお礼の言葉を贈らせていただきたい。

文献

オルポート，G.W.，豊沢登訳『人間の形成——人格心理学のための基礎的考察』理想社，1959，p.60, p.67

中央教育審議会「21世紀を展望した我が国の教育の在り方について（第一次答申）」1998

Faure, E. et al., 編，国立教育研究所内フォール報告書件等委員会（代表　平塚益徳）訳『未来の学習』第一法規，1975，pp.187-188

石井英真『中教審答申を読み解く』日本標準，2017，pp.10-17

梶田叡一『人間教育のために——人間としての成長・成熟（Human Growth）を目指して』金子書房，2016，pp.30-46

梶田叡一『自己意識と人間教育』東京書籍，2020，p.248, p.250, pp.258-284

経済協力開発機構（OECD）編著，ベネッセ教育総合研究所企画・制作，無藤隆・秋田喜代美監訳，荒牧美佐子・都村聞人・木村治生・高岡純子・真田美恵子・持田聖子訳『社会情動的スキル——学びに向かう力』明石書店，2018，p.52（図2.3）

ラングラン，P.，波多野完治訳『生涯教育入門 第二部』（再版）全日本社会教育連合会，1984，pp.6-7

押谷由夫「主体的能動的な道徳の学びのために──モラル・アクティブ・ラーナーを育てよう」『教育
　フォーラム』58，金子書房，2016，pp.88-99

押谷由夫「考え，対話する『特別の教科　道徳』の学習指導のポイント」『これからの道徳教育につい
　ての研究報告』（科学研究費補助金報告書，基盤研究Ｂ）2018

ライチェン，D. S.・サルガニク，L. H. 編，立田慶裕監訳，平沢安政訳『キー・コンピテンシー』明石
　書店，2006，pp.98-102

特集◎令和の教育課題──学制150年を踏まえて

●

自然教育の帰趣

●

菅井　啓之○すがい　ひろゆき

はじめに

　自然教育の究極の目的は，人としての健全な生き方を深めることにある。自然を学ぶことは，私といういのちをどのように生き抜くのか，その深さを探究するために自然を師としてその在り方を学ぶことである。

　自然界は何億年という長い歴史をもって生き抜いてきた生命たちに満ち溢れている。その在り方を謙虚に丁寧に見つめるならば，そこに必ずいのちのあるべき姿が見えてくる。そもそも自然教育とは，自然界の科学的探究のみに留まることなく，さらに深く多面的な見方が必要であり，哲学的にも，芸術的にも，あるいは宗教的にも，あらゆる角度からの探究を総合し融合してゆくことが極めて大切なのである。

　自然をどのように観て，そこから何を学ぶのか，それが自然教育そのものである。物質的探究としての科学を土台としながらも，自然のありのままの姿から私たちは心を豊かにし，精神性を高めていくことができる。自然教育は，私たちが生きていく上に必要不可欠な心の栄養源そのものなのである。

1 健全な生き方の原点は自然にある

　私たちの生活の基盤は自然界にあり，あらゆる場面で自然に依存して生きているのが生命である。その生命が健全にあるためには自然と共にあることが必然である。ところが現代文明そのものが自然を逸脱し，自然界の秩序を乱し破壊し続けている。異常気象，温暖化，などのひずみに対処するために SDGs が提案されてはいるが，地球レベルでの壮大な運動の基盤は一人ひとりの意識と行動にある。自然への認識を深め，意識を高め，健全な行動を着実に実践していく強靭な意志の育成を担うのが自然教育である。今日こそ自然教育の重要性はますます高まっている。自然教育とは，自然のありようを見つめ，そこに秩序と法則性を見出し，それに則って生きることの重要性を自覚し，日々着実に実践していくことである。

　健全な生き方とはいうものの，何が健全なのかが問われるところである。健全とは「wholesome ⇒whole＝全体のすべての」つまり，全体的思考，俯瞰的で鳥瞰的な視野という意味が含まれる。常に自然界全体を見つめること，多面的全面的視野に立って考えることが「健全な見方」である。自然界は常に全体として機能している。どれ一つとしてバラでは動いてはいない。全てが連動し，一体として生きている。私たちも全連関的な学びを深めることで，自然を学ぶ意味が深まり，真の価値が生まれてくるのである。自然のあり方を学び，自然に帰る，つまり自然になりきることこそが，まったく無理のない健全な生き方だということになる。しかし現実には，そう簡単に自然のままにとはいかない。まずは進むべき方向性を見定めるためにも，自然なあり方とはどうあることなのかを常に視野に入れて歩むことである。そのためには，常に自然と共にあることを意識する必要がある。自然はいつも安定したあり方を示してくれ，自己を調律してくれる最大の師である。

2　自然教育の原点としての「自然の観察」

　学制150年の中で自然教育を振り返るならば，最も系統的でしかも強い意志をもって刊行されたものは，何といっても昭和16年の『自然の観察』（文部省，1941）である。国民学校低学年理科の教師用書として全5巻発行された。その総説には「科学的精神」が次のように解説されている。

　「科学的精神は，『自然のありのままの姿をつかみ，自然の理法を見出し，弁べ，これに循い，さらに新なるものを創造せんとする精神』である。

　随って，その根本には，自然に親しむ心，自然に和する心がなくてはならない。同時に，あくまでも現実に即して，正しく，くわしく，明らかにものごとを考察・処理する精神的態度であり，また，常に工夫をめぐらして，ものごとのはたらきをよくし，よりよいものを生み出そうとする精神的態度である。」

　ここに「自然に親しむ心，自然に和する心」の必要性が強調されている。この心は平成29年告示の学習指導要領にも生かされ，理科の目標にも「自然に親しみ」「自然を愛する心情」という文言が明記されている。これは，理科が決して単なる科学教育ではないことを物語っている。自然教育という表現の中にも，自然科学教育ではない，もっと精神面心情面をも含んだ深さのある自然との触れ合いを目指そうとする視点を盛り込んでいる。自然とは科学的探究のみで解明され解決されるようなものではなく，哲学，芸術，宗教などあらゆる文化的な視点からも深く関わり探究されるべきものである。まさに自然教育は総合的で全連関的な自然との関わりを創造していく教育なのである。

　しかし，ここで大切なことは，「自然に親しむ」とは，「自然を愛する心情」とはそもそもどのようなことであるかを丁寧に考察しておくことである。薄っぺらな気持ちで，単に自然と触れ合いさえすればいいとか，自然に対してかわいいとかきれいだといった表層的な感情をもてばよいということで留まっては，「自然の観察」が目指している自然との深い関係に目覚める境地にまでは程遠いこととなる。『自然の観察』（教師用）復刻版解説の中には「全体的直

覚的把握」の重要性が述べられている。まさに，ホリスティックな全連関的な見方こそが「自然の観察」が求めるものであることが分かる。さらには，自然を客観的に観察さえすればよいというものではなく，その深さを探究していけば，観察することはそのまま行動を伴ってくることが強調されている。自然は理法であり，法則として把握されるが，更に「のりとる」ものとして，自己のものとしてつかみとることにおいて「理」が顕現するものであること，つまりは自己の行動，働きとして自然を現すことにこそ自然を学ぶ意義があることが次のように述べられている（文部省，2009：橋田邦彦の言葉の引用）。

　「（自然の法則や理法というものは，：筆者補足）ただ単に従うべきものであるとしているのであってはならない。実際にそれに従う，即ちただ法とすべきものといっているのではなく，それを『のりとる』ところにわれわれの道がある。即ち理が道として具現されるのは人の働きによるのである。否，われわれの働きは道を道たらしめる以外にはないのである。であるから，一応われわれの外にあるものとして見た自然は，われわれを中に包んでいるものであることから，自ずから然る『ものごと』が転じてわれわれの道となるのである。」

自然を学ぶ意義は，「自然を生きること」にある。

3　大仏の「ヤッホー」

　5歳の孫娘と初めて奈良東大寺の大仏を見に行ったとき，大仏殿に入るなり，大仏が「ヤッホーしている」とつぶやいた。子どもの直観は実に鋭い！　大仏は右手を挙げて掌を開き，左手は膝の上において掌を上に向けている。右手は施無畏印（恐れなくてもいいよ），左手は与願印（願いを聞きますよ）という意味のポーズ（印相）だが，そのような解釈を超えて子どもは見て感じたままを自分の言葉で表現している。実はそこに事の本質が含まれている。

　山で「ヤッホー」と叫ぶと，こだまして山からも「ヤッホー」と返ってくる。こだま（木霊，木魂と書き，もと木の精の意味）するや山彦（もと山の神の意味）

は，響き合うことの象徴と言ってもよい。人と自然が響き合う，つまり「感応
道交」することである。感応道交の辞書的意味は「仏と人と，また教えるもの
と教えられるものとの気持ちが通い合うこと，衆生の機感と仏の応化とが相通
じて融合すること」（広辞苑第6版）とある。自然教育の帰趣はまさにこの自
然と人が響き合うこと，感応道交することにある。私たちが自然に向かって「ヤッ
ホー」と叫ぶ。自然はこだまして「ヤッホー」と返ってくる。これをさらに深
めると，自然界の「ヤッホー」との叫びに対して，私たちが即座に「ヤッホー」
と返せるかということが問われる。自然はいつも私たちに「ヤッホー」を発し
ている。しかし，その叫びに対して私たちはあまりにも鈍感で，感応すること
ができていないのが現状である。道元は「山河の親切に知なくば，一知半解あ
るべからず」（正法眼蔵）という。山河つまり自然界の親切（親密で切実なこと）
な叫びに対して，それを受けて応答できなければ，一知半解あるべからず（一
つも知ることができず，半分も理解することができない）というのである。自
然の声掛けに私たちは敏感に感応して，その声を聴く耳を持たなければならな
い。それを素直に行えるような心になることこそが自然教育の神髄であり，帰
趣である。大仏（毘盧遮那仏＝響きわたるもの，大日如来，宇宙の仏）がヤッ
ホーしているとは，宇宙＝大自然がヤッホーと私たちに呼びかけている姿であ
る。その大自然の呼びかけを素直な心で受け止め，感応道交することが，その
まま私たちの在り方や生き方を健全に導くことになる。現代生活はあまりにも
人工物に取り囲まれ，自然から遊離している。自然教育は決して科学の知見を
より多く理解することではなく，それ以前にもっと素朴に自然の声に耳を澄まし，
素直に聴き，感応道交することに基盤を置かなければならないのである。地に
足をつけて歩むことこそ今求められている最も大事なあり方であろう。

　「風吹緑竹韻」（風，緑竹に吹いてひびきあり）という言葉がある。自然の風
が吹けば，素直に緑の葉をいっぱいに付けた竹が揺れひびくのは当然。しかし，
自然の風（自然の親切）に対して反応しない，いやできない心では，感応せず，
葉も揺れずひびかない。自然のさわやかな風に対して，いつでも敏感に感応で
きる心，こだまする心の重要性を再認識したいものである。

4 自然観察のあり方

次の図は自然観察の楽しみ方にも多様な側面があることを示す。

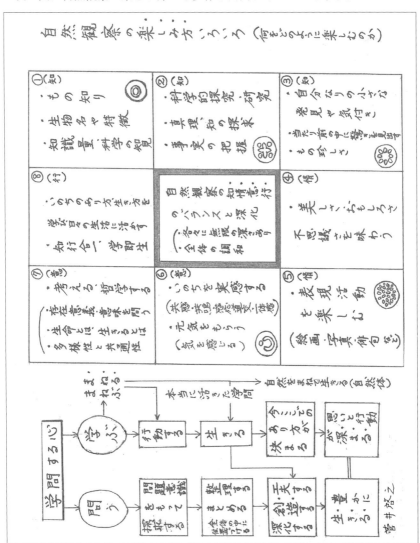

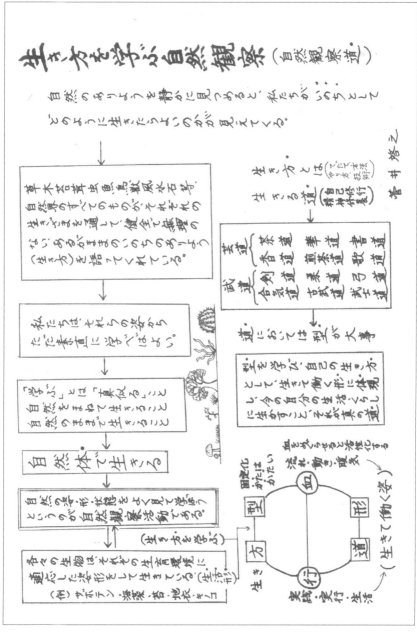

5 自然から「いのちのありよう」を学ぶ視点

　私たちの身の回りはいのちに溢れている。そのいのちのありようを具体的視点から見つめてみれば，自然界のいのちの営みが手に取るように分かるものである。以下に示す写真からそのいのちの活動の不思議さや巧妙さを受け止めたい。

●一筋の道
木の幹に一本の道のような筋が上の方に延びている。これはアリが毎日活動するために使っている道で「蟻道」という。道路を作っているのは人間だけではなかった。アリも通勤する道をもつ。

●コブのようなものの役割は？
これはサクラの葉の根元に付いている蜜を出す器官で，花の外にあることから「花外蜜腺」という。
ここにアリが頻繁に訪れることで毛虫が寄り付かなくなるようだ。

●スギの大木と芽生え
倒木の上にはコケが生え落ち葉
が積もる。その上でスギの幼木
が育っている。
森の中ではいのちが着実に受け
継がれている。

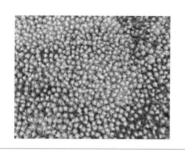

●コケ群落と森
コケの群落は、小さなコケが無数に集まってできている。一方森もたくさ
んの樹木の群落で形成されている。森を上空から見ればコケの群落と全く
同じこと。その大きさだけが違うだけ。

まとめ

　自然教育は「もちつもたれつ」といういのちのあり方，つまり生かし合いの
姿，共生の姿を深く実感して，そのあり方を自己の生き方に反映していくこと
にある。自然を観察することは，そのまま自然を生きること。「観察」＝「観行」
となって，観ることがそのまま行動することにつながるのである。

　さらには，自然と親しむことは，本来のいのちのあり方への気づきと自覚を
促し，心の落ち着きを取り戻して，静けさに帰ることである。忙しく目まぐる

しい現代社会に生きる私たちは，自然という調律師にいのちのリズムを整えてもらうことが大切である。自然の浄化力はいのちの原点に帰るための重要な働きである。自然教育の帰趣はここにあるものと考える。

引用文献

『本山版縮刷　正法眼蔵　全』鴻盟社，1970

飯田利行編著『禅林名句辞典』図書刊行社，1975

文部省『自然の観察　教師用一』日本書籍，1941

文部省著，日置光久・露木和男・一寸木肇・村山哲哉編集・解説『自然の観察』農山漁村文化協会，
　2009

特集◎令和の教育課題——学制150年を踏まえて

これからのスポーツのあり方とは？

部活動のあり方を踏まえて

杉浦　健○すぎうら　たけし

はじめに

「邑に不学の戸なく家に不学の人なからしめんことを期す」と国民皆教育を目指した学制制定から150年余り。制度的な皆教育を果たしながらも今，様々な側面から学校のあり方が深く問われている。2021年度に文部科学省の調査で明らかになった24万人に上るとも言われる不登校の問題，いじめの問題，学力の二極化の問題，教員の働き方の問題など，多岐にわたる中で，特に大きな変革を求められているのが，学校の中でのスポーツのあり方，部活動のあり方であろう。今，スポーツに限らず部活動は，教員の働き方改革との関連で持続可能なあり方が求められている。

有体に言えば，これまで日本のスポーツは，それが子どもたちのためになるからと，教員の奉仕の精神と献身で維持されてきた部活動に頼ってきた。そしてそのあり方が今や限界を迎えているのである。

教員不足も叫ばれる中，教員の働き方改革待ったなしの状態で，これからの部活動はどのようにあればいいのであろうか。地域移行の流れはもはや明白であろうが，それにしても人材不足や財源の問題など，簡単に解決できるもので

はなく，今後まだまだ紆余曲折が予想される。

　これまで日本のスポーツに大きな貢献をしてきた部活動の問題は，単に教員の働き方の問題だけではなく，子どもたちをどう育てていくのかという教育全体の問題であり，さらに大きな視点で言えばスポーツを中心として「文化」をどう社会で支えていくのかという意味で，社会全体の問題ではないかと思われる。様々な事情が複雑に絡み合った問題であり，一刀両断に答えを出すことはできないが，本論において進むべき大きな方向性を明らかにすることができたらと考えている。

　なお，部活動の地域移行はまず中学校から始まっている。高校については例えば高校野球や私立学校の経営問題（スポーツが学校の生徒募集に関わるなど）もあって，学校から簡単に切り離せないこともあり，本論では保留とし，中学校に対象を限定した改革として考えていきたい。

1　ボランティアでのスポーツ指導の経験から

　まずは本論のおおよその方向性を示す意味で，筆者のつたない経験をお話しすることを許していただきたい。筆者は現在ボランティアで，かつて自分の子どもの通った小学校で，陸上競技チームを主宰し指導を行っている。もともとPTAのボランティア募集に手を挙げて指導をはじめ，すでに20年，つたないながらも実践を重ねてきた。

　指導をはじめた当初は，専門的なトレーニングも実施し，競技成績を向上させることを目指したが，苦労のわりに成果は上がらず，子どもとの関係もギスギスするようになっていった。指導する小学校の属する自治体には大きな市内駅伝があり，予選会を突破して本選に参加することを目指していたが，レベルが高く，成果が上がらないこともあり，指導することへのストレスも増していった。

　そこでまずはチームを楽しい場所にすることを第一とし，無理に成績を追い求めないようにした。もちろん力のある子には「ちょっとがんばったら表彰状

をもらえるよ」などと伝えて目標を持たすことはしたが,「別に負けてもいいよ」「速くならなくてもいいよ」「楽しくやるのが一番だよ」とことあるごとに伝えてプレッシャーを和らげるように働きかけた。また専門的な指導も最小限にして,子どもたちが自由に走り幅跳びや走り高跳びをできる場所を設定したり,ストップウォッチを自分で使えるようにしたりするなど,練習を自主性に任すようにした。さらには鬼ごっこなど遊びの要素も多く取り入れ,練習をやるかどうかも子どもたちに選択肢を与えるようにもなった。

このように指導者,選手ともに勝つことに対する無用なプレッシャーを緩和することで,競技成績を求めていた時よりも,むしろ子どもたちの成績は良くなった。これには理由があり,それまではこちらが有望だと思えば思うほど,プレッシャーに感じるのか,子どもたちが練習に来なくなっていたのに対して,そのようなことがなくなり部員の定着率が上がったからである。

つたない経験ながら,長くやっていくにつれて,筆者なりにどのように指導をしたらいいのか,何を大切にしたらよいのかがわかってきた。

すなわち,身体を動かすことそのものが喜びであること,力のある者はその良さを発揮できる場所は与えるけれども,当人の望む以上のものを望まない方がいいこと,環境が整えば,たとえ小学生であっても自律的に動けるのだということ等,様々なことを知ることができた。

もちろんこの経験は競技志向ではない小学生を対象としたボランティアチームでの指導の立場であって,全国大会優勝を目指すような高いレベルのチームや選手には適用できないことかもしれない。ただ,小学生の指導であるからこそ,スポーツの根源的で本質的な部分がより示されているのではないかと思われるのである。

先述のとおり指導を始めた当初は競技的意味を追い求めていたが,次第に一人ひとりを大事にしたり,仲間を大切にしたりする教育的な意味が強くなり,さらには身体を動かすことの根源的な楽しさを求めるように指導の強調点が変わっていった。そこにスポーツのより根本的な意味や目的があるように思えたからである。

2　そもそもスポーツの目的とは？

　そもそもスポーツの目的とは何であろう。ここではその手掛かりとして，平成23年に施行されたスポーツ基本法を紐解いてみたい。スポーツ基本法は，昭和36年制定のスポーツ振興法を完全改正し，スポーツの基本理念を定め，国及び地方公共団体の責務やスポーツ団体の努力等を明らかにし，スポーツに関する施策の基本となる事項を定めたものである。ここではその前文に注目したい。

　前文では，「スポーツは，世界共通の人類の文化である」とうたわれている。そしてスポーツを「心身の健全な発達，健康及び体力の保持増進，精神的な充足感の獲得，自律心その他の精神の涵養等のために個人又は集団で行われる運動競技その他の身体活動」と定義し，「今日，国民が生涯にわたり心身ともに健康で文化的な生活を営む上で不可欠のもの」と位置付けている。さらには，「スポーツを通じて幸福で豊かな生活を営むことは，全ての人々の権利であり，全ての国民がその自発性の下に，各々の関心，適性等に応じて，安全かつ公正な環境の下で日常的にスポーツに親しみ，スポーツを楽しみ，又はスポーツを支える活動に参画することのできる機会が確保されなければならない」と，スポーツに参加することを国民の権利としてとらえ，その機会確保を法律の主眼としている。

　このスポーツ基本法にあるスポーツの基本理念から，3つのことに注目したいと思う。1つはスポーツが「精神的な充足感の獲得」のために行われる身体活動だということである。このことが意味しているのは，スポーツを行うことが，勝利や好成績を得るためだったり，身体や心を鍛えるためだったりの手段である前に，それ自体が目的であるということである。身体を動かして精神的な充足を得ることは本来的に人の求めることと考えられているのである。

　2つ目はスポーツが「全ての国民がその自発性の下に，各々の関心，適性等に応じて」行われるものであり，そのような機会が「確保されなければならない」ということである。つまりスポーツは強制されてやらされるものではなく，

自発的なものであり，取り組みたいという思いが果たされるようにその環境が整備されるべきだということである。

　そして3つ目が「スポーツを通じて幸福で豊かな生活を営むことは，全ての人々の権利」であり，「国民が生涯にわたり心身ともに健康で文化的な生活を営む上で不可欠のもの」だということである。この部分は明らかに，日本国憲法第13条の幸福追求権「すべて国民は，個人として尊重される。生命，自由及び幸福追求に対する国民の権利については，公共の福祉に反しない限り，立法その他の国政の上で，最大の尊重を必要とする」および第25条の生存権「すべて国民は，健康で文化的な最低限度の生活を営む権利を有する」を踏まえている。つまりスポーツに参加することは，人が幸せに生きるために必要な権利の1つだと考えられているのである。

　これからのスポーツのあり方，そして部活動のあり方を考えるにあたり，まずこの3つの部分を押さえておきたい。これは本論の主張とも軌を一にする。続いてスポーツ基本法前文では，「スポーツは，次代を担う青少年の体力を向上させるとともに，他者を尊重しこれと協同する精神，公正さと規律を尊ぶ態度や克己心を培い，実践的な思考力や判断力を育む等人格の形成に大きな影響を及ぼすものである」と，スポーツの教育的意義について言及している。本論では，スポーツに関連して部活動のあり方を問い直すことを目指しているが，部活動が様々な問題を抱えながらも維持継続しているのはそこにスポーツの教育的意義があることが大きな理由と考えられるし，今後も部活動が果たす意味・意義は大きいと思われる。

　前文ではさらにスポーツが「人と人との交流及び地域と地域との交流を促進し，地域の一体感や活力を醸成するもの」，「人間関係の希薄化等の問題を抱える地域社会の再生に寄与するもの」，「心身の健康の保持増進にも重要な役割を果たすものであり，健康で活力に満ちた長寿社会の実現に不可欠」なものであると述べている。また選手の活躍を通して，「我が国社会に活力を生み出し，国民経済の発展に広く寄与」し，「スポーツの国際的な交流や貢献が，国際相互理解を促進し，国際平和に大きく貢献するなど，スポーツは，我が国の国際

的地位の向上にも極めて重要な役割を果たすもの」であると述べ，スポーツが地域や国，国際社会のために重要な役割を果たし得ることを強調している。

そして前文では「地域におけるスポーツを推進する中から優れたスポーツ選手が育まれ，そのスポーツ選手が地域におけるスポーツの推進に寄与することは，スポーツに係る多様な主体の連携と協働による我が国のスポーツの発展を支える好循環をもたらすもの」と最後にやっと競技力向上に関わる内容を表明しており，その優先度が垣間見える。

これらスポーツ基本法の前文が意味しているのは，スポーツにはさまざまな役割や意味，目的があるということである。そしてこの後で部活動に関連して問題とする競技力向上や教育的意味はスポーツの多くある目的の一つであり，それらのみにこだわることはスポーツの本来的な魅力を半減させてしまうのではないかと思われる。

3　これまでの部活動におけるスポーツを振り返ると

それではこれまでの部活動におけるスポーツの役割や目的はどのようなものだったのであろう。平成29年度告示の現行の中学校学習指導要領には，教育課程外の学校教育活動として部活動が位置付けられている。そして，「生徒の自主的，自発的な参加により行われる部活動については，スポーツや文化，科学等に親しませ，学習意欲の向上や責任感，連帯感の涵養等，学校教育が目指す資質・能力の育成に資するものであり，学校教育の一環として，教育課程との関連が図られるよう留意すること」とある。

部活動が学習指導要領に位置付けられたのは，平成20，21年告示の前回学習指導要領からであり，それまでは部活動の学校教育における位置づけはあいまいなものであった。にもかかわらず，例えば荒れた学校を立て直すのに生徒たちを部活動に取り組ませることから始めるなど，部活動指導は教員がその役割を担い，生徒指導に重要な役割を果たすなど，教育活動の中心と言ってもいい活動として行われてきた。

　また競技種目によっては，部活動が選手育成の大きな役割を果たし，全国的，国際的レベルの選手を生み出すことに貢献してきた。しかしながらその一方で，熱心さの代償や過度の勝利至上主義によって，スポーツ障害の問題，燃え尽き症候群の問題，パワハラなどの問題もしばしばあり，甚だしきは不幸にも生徒の自殺につながるような問題すら起こった。

　学校でのスポーツ部活動は，実質，教育的意義と競技力向上を主たる目的として行われてきた。また部活動は，学校教員の献身と犠牲の上に成り立っていたにせよ，子どもたちが全国津々浦々でスポーツに参加できる仕組みであり，その肯定的な側面は無視できない。しかし部活動で行うスポーツが，スポーツ基本法で示されたような「精神的な充足感の獲得」の意味や，「自発性の下に，各々の関心，適性等に応じて」行われ，「スポーツを通じて幸福で豊かな生活を営む」目的や「生涯にわたり心身ともに健康で文化的な生活を営む上で不可欠のもの」として行われてきたかについては疑問があろう。

　学習指導要領には，「生徒の自主的，自発的な参加により行われる部活動」とはあるものの，実際には教員が運営や指導の主導権を握っており，生徒の自主性，自発性に任せた活動とは言えない状況が多いだろう。そのことが，部活動がスポーツ基本法で示されたような目的を果たしきれない理由になっているとともに，教員の負担となって過重労働につながり，近年の教員の働き方改革に伴う部活動改革，特に地域移行・連携の流れになっているのであろう。

4　部活動の地域移行がもたらすもの

　教員の働き方改革に端を発した部活動の地域移行は，これからのスポーツを考えるにあたって非常に重要な問題であると同時に，これからの学校のあり方の問題でもある。なぜならこのことは，これからの子どもたちの心身の成長を誰が担っていくのかという問題に換言できるからである。子どもによっては家庭が居場所になり得ないことがあることも含めて，筆者は学校は子どもたちの居場所となるべきだと考えているが，今や学校は部活動も含めて子どもたちの

家庭以外の唯一の居場所と言っても過言ではない状況となり（口の悪い人は，学校を子どもの子守りの場であると皮肉ることもある），教員の仕事ももはや抱えきれないほど過重になってきた。それが部活動の地域移行へのきっかけとなったのだが，そうであるからこそ，部活動の地域移行は子どもたちの教えと育ちを地域に広げることができる糸口となると思われるのである。

　この原稿を書いている令和4年12月，スポーツ庁と文化庁が「学校部活動及び新たな地域クラブ活動の在り方等に関する総合的なガイドライン」を発表した。このガイドラインでは，「学校部活動の地域移行は，『地域の子供たちは，学校を含めた地域で育てる。』という意識の下で，生徒の望ましい成長を保障できるよう，地域の持続可能で多様な環境の一体的な整備により，地域の実情に応じスポーツ・文化芸術活動の最適化を図り，体験格差を解消することを目指すものである」とある。また「学校部活動の教育的意義や役割については，地域クラブ活動においても継承・発展させ，さらに地域での多様な体験や様々な世代との豊かな交流等を通じた学びなどの新しい価値が創出されるよう，学校教育関係者等と必要な連携を図りつつ，発達段階やニーズに応じた多様な活動ができる環境を整えることが必要である。」とし，「休日や長期休暇中などに開催される体験教室や体験型キャンプのような活動，レクリエーション的な活動，シーズン制のような複数の種目や分野を経験できる活動，障害の有無にかかわらず，誰もが一緒に参加できる活動，アーバンスポーツや，メディア芸術，ユニバーサルスポーツやアート活動など，複数の活動を同時に体験することを含め，生徒の志向や体力等の状況に適したスポーツ・文化芸術に親しむ機会を，指導体制に応じて段階的に確保する」とされている。

　ここには部活動の教育的意義を残しつつ，「地域の子供たちは，学校を含めた地域で育てる」とあるように，部活動を学校から外に開いて子どもたちが地域においてさまざまな大人と関わり，より豊かなスポーツ・文化体験を行うことによって育っていけるようにしようとする意図が示されている。さらには，これまでの部活動で陥りがちだった競技力向上と教育的意義の目的に限定したスポーツ活動ではなく，スポーツ基本法に示されたような多様なスポーツの価

値と目的を実現させようとする覚悟が感じられる。

　今の部活動のように，中学生になったらにわかに一つに競技種目を決めて専念し，専門的なトレーニングを行うのは，子どもの身体的・心理的発達段階に応じたものとは言えないだろう。部活動の地域移行をきっかけとして，もっと様々なレベルと目的で子どもたちがスポーツに触れ，取り組めたらよいのではないだろうか。

　そのために必要なのは，指導者はもちろんのこと，まずは気軽にスポーツに取り組める場所・環境の整備と考える。筆者の自宅の近所には，大きな公園があるのだが，コロナで部活動が自粛で行われなくなったとき，部活動に行けない中学生たちが自主練習を行っているのをよく見かけた。その風景は，コロナ前までの学校で集まって行われる部活動とは少し違って，子どもたちの自主性が生かされたスポーツ場面のように思われた。

　Ｊリーグはいち早く1993年の発足初期から「Ｊリーグ百年構想」を掲げ，現在は副題も追加した「Ｊリーグ百年構想〜スポーツで，もっと，幸せな国へ。」というスローガンで，「地域に根ざしたスポーツクラブ」を核としたスポーツ文化の振興活動に取り組んでいる。

　この構想では，「あなたの町に，緑の芝生におおわれた広場やスポーツ施設をつくること。」「サッカーに限らず，あなたがやりたい競技を楽しめるスポーツクラブをつくること。」「『観る』『する』『参加する』。スポーツを通して世代を超えた触れ合いの輪を広げること。」「誰もが気軽にスポーツを楽しめるような環境が整ってはじめて，豊かなスポーツ文化は育まれます。」とある。

　Ｊリーグ百年構想がめざしているのは，スポーツ基本法がうたうように，「全ての国民がその自発性の下に，各々の関心，適性等に応じて，安全かつ公正な環境の下で日常的にスポーツに親しみ，スポーツを楽しみ，又はスポーツを支える活動に参画することのできる機会」を作ることであり，それは筆者の希望とも重なる。

5　環境整備から始まるスポーツ活動の推進

　部活動の地域移行が始まったとはいえ，指導者不足は否めない。特に地方の人材不足は深刻で，これまでと同様，教員がその役割を果たさなければいけないのではないかという懸念もある。ある程度の人材を集めることが可能な都市部にしても，ガイドラインにあるような，平日放課後の２時間，休日３時間，週２日は休養日といった練習時間では，部活動指導員として生活していけるような収入を得ることは難しい。これまで教員が果たしてきた指導者としての役割を，そのまま部活動指導員が行うという仕組みではなく，新たな考え方と仕組みが考えられないだろうか。

　そもそも中学生が週に５日，６時間や７時間の授業を受け，それにプラスして部活動ガイドラインを守ったとして週に５日平日２時間，休日３時間の部活動の練習を行う。さらにはかなりの割合の子どもが塾に行くということも考慮に入れると，あまりに忙しすぎる。

　例えば指導はボランティアの社会人もしくは部活動指導員が週１回か２回行い，他は子どもたちが自主的にスポーツに取り組める場所を提供するというのはどうだろうか。特に人材は不足していても土地ならばたくさんある，例えば過疎の進んだような地方都市であれば，廃校や空き地を整備してバスケットゴールやバレーボールネット，サッカーゴールなどを設置し，自由に使えるようにすれば，学習指導要領がうたうような「生徒の自主的，自発的な参加により行われる部活動」により近い活動になりうる。また同じ場所で大人が活動していれば，自然と教え合いや指導がなされる可能性もある。具体的なイメージとしては，大人と子どもが混在して技を鍛えるスケートボード場のようなものである。

　もっと指導を受けたかったら複数のチームや本格的に競技力向上を目指すクラブに所属することもできるかもしれない。公式戦についてはどこか１チームでも出場に制限されるだろうが，そうでない練習試合などは別のチームでも参

加可能にすることは不可能ではないだろう。

　場所を提供すれば，大人もより気軽にスポーツに取り組むことが可能になる。スポーツに気軽に取り組む大人が増えれば，なかには子どもに指導をしようと考える大人も増えるかもしれない。子どもたちはスポーツを通して，これまでよりも多くの，教員とは立場の異なる大人に出会うことができる。それが結果的に子どもたちと社会の接点を増やし，彼らの成長を助けることになるだろう。「地域の子供たちは，学校を含めた地域で育てる」のを，部活動の地域移行が可能にするかもしれないのである。

　そもそも今の社会では，大人がスポーツに取り組む余裕があまりないように思われる。例えばボランティアとして，また近年認められるようになってきている副業として，スポーツの指導に携わる大人が増えてもいいのではないか。もともとスポーツの語源は，気晴らしや気分転換を意味したという。学制制定150年の今，このたびの部活動の地域移行の流れをきっかけとして，社会がもっとスポーツに取り組めるような余裕が生まれ，子どもも大人もスポーツを楽しめる，「国民皆スポーツ」の世の中に変わることを希望したいと思う。

参考文献

Ｊリーグ百年構想

　https://aboutj.jleague.jp/corporate/aboutj/100years/（2023年1月28日閲覧）

文部科学省「中学校学習指導要領（平成29年3月告示）」

　https://www.mext.go.jp/component/a_menu/education/micro_detail/__icsFiles/afieldfile/2018/05/07/1384661_5_4.pdf（2023年1月28日閲覧）

文部科学省「スポーツ基本法」

　https://www.mext.go.jp/a_menu/sports/kihonhou/attach/1307658.htm（2023年1月28日閲覧）

スポーツ庁・文化庁「学校部活動及び新たな地域クラブ活動の在り方等に関する総合的なガイドライン」

　https://www.bunka.go.jp/seisaku/geijutsubunka/sobunsai/pdf/93813101_02.pdf（2023年1月28日閲覧）

特集◎令和の教育課題──学制150年を踏まえて

●

幼児教育の充実がもたらす未来への展望

これからの幼保小連携接続を見通して

●

善野　八千子○ぜんの　やちこ

1　教育保育の「量的拡充から，質的向上」への転換

　社会の構造的な変化として指摘されるのは，人口減少・少子高齢化の進行である。文部科学省は，幼児教育スタートプランの実現に向けて，「学びや生活の基盤を支える幼児期からの教育の充実を図り，施設類型や地域，家庭の環境を問わず，全ての子供に対して格差なく質の高い学びを保障する『幼児教育スタートプラン』の具体化を強力に推し進める。」としている（文部科学省，2021）。

　2021年9月1日，中央教育審議会「幼児教育と小学校教育の架け橋特別委員会」における「第3回会議までの主な意見等の整理」（中央教育審議会，2021）から以下に抜粋する。

　「海外においては長期縦断研究とそのメタ分析としての展望研究から，幼児期の教育がその後の生涯にわたる学業達成，職業生活，家庭生活等で多面的に影響を与えることが実証的に明らかにされてきている。中でも，『保育（教育）』

の質が発達に与える影響が正負いずれの影響も及ぼすことも示されている。」

海外の研究とは，「ペリー就学前プロジェクト」である。志田（2019）によると，このプロジェクトは2000年にノーベル経済学賞を受賞したシカゴ大学の労働経済学者ヘックマン（Heckman, J. J.）が *"Science"* （2006年）で発表したものである。ヘックマンが関与した「ペリー就学前プロジェクト」「アベセダリアンプロジェクト」が幼児期からの教育の充実の必要性の根拠として挙げられている。参加者も少なく小規模なものだったにもかかわらず，この研究プロジェクトが高く評価されているのは，50年以上にわたる長期追跡調査の結果「5歳までの環境が人生を決める」と断言したことにある。*"Giving Kids a Fair Chance"* （邦題『幼児教育の経済学』）にまとめられたヘックマンの研究結果は世界中で注目され，幼児教育の見直しに大きな影響を与えた。例えば，幼児教育はプログラムの費用1ドルあたり7.16ドルのリターンが見込めるという費用便益分析をしている（ヘックマン，2015）。このように，国が幼児教育に投資することで社会に還元される経済的な利益を計算したことが行政を動かし，各国が教育制度を見直し，教育改革を行うきっかけになったのである（志田，2019）。

わが国でも内閣による「幼児教育，高等教育の無償化・負担軽減」の参考資料としても扱われている。平成29年12月に閣議決定された「新しい経済政策パッケージ」（内閣府）において，「幼児教育の無償化をはじめとする負担軽減措置を講じること」と併せて，「幼児教育・保育の質の向上も不可欠である」とされた。内閣府は学校教育・保育及び家庭における養育支援を一体的に提供する総合こども園を創設し，新システムとして，「すべての子どもの健やかな育ちと，結婚・出産・子育ての希望がかなう社会を実現するため，次の3点を目的とする幼保一体化を推進する」とした。

①質の高い幼児期の学校教育・保育の一体的提供

②保育の量的拡大

③家庭における養育支援の充実

幼児教育は，ようやく「量的拡充から，教育保育の質的向上」への転換期に

きたといえる。具体的には，給付システムの一体化と施設の一体化であり，幼稚園と保育所の制度の枠組みを超えて，地域における子育て支援の取組を充実させる，新たな選択肢として導入された制度である。目的は施設の名称を統一することではなく，幼児期の子どもにとって質の高い学校教育・保育の一体的提供のための役割と取り組みなのである。

2　幼児教育の見直し──「ペリー就学前プログラム」の注目点

　ここで，幼児教育の見直しの契機のひとつとなったペリー就学前プログラム（Perry Preschool Project, Highscope/Perry Project）について，志田（2019）を参照に詳しく触れておくことにしたい。

　1962年から始まった「ペリー就学前プログラム」は，アメリカミシガン州にあるペリー小学校付属幼稚園で実施された実験である。提案者は心理学者デイビット・ワイカートであり，幼児教育計画の研究プロジェクトとして，ハイスコープ教育財団（HighScope Educational Research Foundation）が今も追跡調査を継続している。

　「ペリー就学前計画」「ペリー就学前プロジェクト」「ハイスコープ就学前教育プログラム」などと呼ばれるプロジェクトにはいくつか注目すべき点がある。

　一つ目が，社会全体にも好影響を及ぼすという点である。質の高い幼児教育を施すことで，本人のみならず社会全体，とりわけ成人後の雇用や経済状況の安定，生涯にわたる所得の向上，犯罪率の抑止・低下など，人生をより良くできることを実証した。

　二つ目が，プログラムを受けた子どもたちの「非認知能力」が育っていた点である。志田（2019）には「就学前に学習経験を積み，努力することを覚えると，成人後も，新しいことに興味を持ち，知識を得ようとする意欲を示す可能性が指摘」され，「貧困から抜け出すには，環境以外に，気力や意欲が大きく関与する」とある。そして「注目すべき結論は，教育で重要なのは，忍耐性や協調性，計画力などの非認知能力が大事」と示されている。

3 「ハイスコープ就学前教育プログラム」を手がかりとした実地検証

　筆者は，日本人間教育学会第 4 回大会（2018年12月）において，「幼小接続期における育ちと学びの連続『ハイスコープ就学前教育プログラム』を手がかりに」を論題として，実地検証園の園長と共同発表をした。実地検証園とは，筆者が「奈良県就学前教育振興プログラム策定会議委員」（2017年～2019年）として，実地訪問指導を担当した幼稚園・保育園・こども園である。

　その実践概要は，幼小接続期の非認知能力の向上のため「ハイスコープ就学前教育プログラム」（以下，ハイスコープと表記）を導入し，発達レベルの評価規準や幼児の能力を高める指導戦略に生かした。また，教育活動の視点の可視化とともに，幼児教育における規準や評価について教員の保育観の交流を進めた。さらに，評価スケールを作成したことにより，取組の成果と課題のエビデンスをもって卒園児の保護者及び小学校に伝える契機となったものである。

　まず，実地検証対象の A 園は，2013年度「学び続ける子ども」の育成には，「挨拶」「片付け」「話す力」「聞く力」の 4 項目の指導が重要だと定めた。園内だけで発揮する力ではなく，いつでもどこでも発揮できる本物の力を育てようと保護者と教育内容で連携し，保護者からの聞き取り・評価の継続を実施して効果を図った。また，小学校教員と互いの教育を尊重できるよう指導内容と効果の交流を始めた。

　具体例の一つとして，活用しているシート 4 項目すべてに「幼児期の終わりまでに育ってほしい姿」（以下，10の姿と表記）を設定し育ちや課題を明確にした。発達段階の目安を明記することで，園内の指導の到達目標が明確になり全教員が自信をもって保育することができた。保護者とは懇談時に活用し，担任と保護者それぞれが評価をし合うこと，見方の違いも含めて子どもの育ちを共有化したことは家庭教育の向上に繋がった。

　2017年度，新たにハイスコープを活用した保育に取り組んだ。非認知能力

と言われる「自尊感情」「規範意識」「学習意欲」の３項目について，園内の10％の抽出児を取り上げ，幼児のエピソードからレベルを定め，半年間実際に取り組んだ。日常の保育を振り返る上で有効であることを，以下の２点の根拠で示した。

　１点目は，発達記録シートである。例えば「自尊感情」のエピソードシーンの教員の留意点は「道徳的行動の気付きへの誘発」であった。「原因と結果を明確化」することによって，「問題をシンプルな結果と原因に結びつけて状況を説明する。子どもに説明する際には，保育者の主観はできるだけ避け，子どもが自分で考えられるように，事実に基づく客観的な言葉で説明する。」ことが有効であるというハイスコープの保育で働きかけた。これは，「褒め方や関わり方の内容などを知る」という点で，教員の関わりの可視化と全ての教員のさらなる保育技術の向上に繋がっている。

　２点目は，評価表の作成である。作成については，ハイスコープ導入に加え，園独自の評価規準を補足として加えた。

　次に，教育効果の検証結果について述べる。アンケート評価については，対象は卒園児の保護者，意識調査の配慮は学識経験者からの依頼という形で筆者が作成した。設問は５件法で，根拠となるエピソード記載欄を作り，設問要旨を示し期待される姿を記載したりした。設問について，②〜④は「ハイスコープの検証」，⑤〜⑧は「園の教育の柱の検証」となっている。

１）卒園時保護者による評価

　小学校入学後３ヶ月を経て，まもなく１学期終了を迎えようとしている時期に実施し，回収率は８割を超えた。

２）アンケート結果と考察

　設問１の「入学後の学校生活はスムーズであったと思う」に対する結果は「あてはまる」と「ややあてはまる」は90％を超えた。エピソード記載欄から考察すると，保護者は「子どもが戸惑うことなく学校生活に慣れたかどうか」を様々な場面から心情を読み取り，評価していることがわかった。

　設問２の「『自尊感情』の育ちが入学後の生活に役立っていると思う」に対

しての結果は「あてはまる」と「ややあてはまる」は50％を超えた。アンケートに記載していた期待する姿と子どもを重ね，今まで子どもにかかわってきた保護者自身の思いを踏まえて評価している。

続いて，小学校第1学年担任による評価も実施した。具体的に授業見学や幼小連絡会によって，対象者である3名の担任がどのように捉えているかという点についても聴き取りをしている。

設問1「入学後の学校生活はスムーズであったと思う」について，小学校教員は学校生活のスムーズさを「時間を守る」ことに着目して評価している点が明らかになった。

設問2「自尊感情」については，問題解決においてトラブルの回数や大きさで評価していることがわかる。

設問3「学習意欲」については，保護者は宿題に取り組む姿で，担任は授業中の取り組む姿から評価をしている。

設問4「規範意識」については，保護者と担任の評価には違いが見られた。

成果としては，3点挙げられる。1点目に，ハイスコープを導入し，実施検証にあたって発達レベルの評価規準や幼児の能力を高める指導戦略に生かすことが可能となった。2点目に，教育視点の可視化とともに幼児教育における規準や評価について教員の教育観の交流が進み，園内の共通の評価スケール作成の確認に至った。3点目に，取組の成果と課題のエビデンスをもって卒園児の保護者及び小学校に伝える契機となった。幼児教育における評価規準に基づく導入は初めての試みであった。教育内容で連携を継続してきた成果を保護者からのアンケート結果をふまえて発信することは「学校園評価」としての客観的評価になったといえるだろう。さらに，育ちと学びの検証としての小学校教員評価と比較考察することの意義は大きく小学校との接続の使命を再認識された。

ちなみに，志田（2019）は「中室牧子さんは著書『学力の経済学』で，非認知能力の中でも特に重要なのは『自制心』と『やり抜く力』だとしています。根拠として，『マシュマロ実験』と呼ばれる有名な実験のマシュマロを我慢できた子どもは成功するというデータも挙げています」と述べている。

　マシュマロ・テストとは，「マシュマロをすぐ1個もらう？　それともがまんして，あとで2個もらう？」という行動科学で最も有名なテストのひとつである。このテストの考案者であるミシェル（2015）は，マシュマロを食べるのをがまんできた子・できなかった子のその後を半世紀にわたって追跡調査し，自制心と成功との関連を調べた。追跡調査では，マシュマロ・テストでマシュマロを2個もらうために長い時間待てた子どもほど，自制心を発揮しやすくストレスにうまく対処でき，社会的に成功できる可能性が高いことが判明した。

　自制を成功に導くには，自己効力感と将来の自分と今の自分を想像の中で結びつける力として，次の点が重要とされている。「人生の早い段階から，ストレスをコントロールし，『冷却』するために注意を調整すること。」と「安心安全を感じられる愛着形成を促すこと」である。

　人間にはホットな情動システムとクールな認知システムがある。自制心は遺伝子と環境との二つの要因が相互に関係し合うことによって育まれる（ミシェル，2015）。

　幼児教育において自制を促す環境は，クールな認知システムを働かせる活動とその援助を，今後も先述のような実地検証例を蓄積しながら具体的に示す必要がある。

4　10の姿を教育・保育の質向上と幼保小連携接続につなぐICTの活用

　平成29年3月「幼稚園教育要領」「幼保連携型こども園教育・保育要領」「保育所保育指針」が改訂され，生きる力の基礎となる質の高い幼児教育が求められている。文部科学省は，義務教育開始前後の5歳児から小学校1年生の2年間を「架け橋期」と位置づけ，令和4年3月「幼保小の架け橋プログラムの実施に向けての手引き（初版）」（以下，手引き初版と表記）と「幼保小の架け橋プログラムの実施に向けての手引きの参考資料（初版）」を示した。

　10の姿が示され，幼保小間での交流行事や小学校でのスタートカリキュラ

ムなどの取組が進みつつある地域もある。しかし，形式的な交流や研修会を何回進めても，教育・保育の質向上は担保されない。

「幼保小の架け橋プログラムの実施に関する視点」（文部科学省，2022）からキーワードを2点抜粋する。

①幼保小の先生が，気軽に話し合える関係を構築し，対話を大切にする。

②ICTやオンライン等の活用により，先生の負担軽減や時間の効率的使用も図りつつ，効果的に取り組めるようにする。

幼保小連携の課題について，手引き初版では「『幼児期の終わりまでに育ってほしい姿』が誤解され，連携の手がかりとして十分機能していない」と指摘している。10の姿は到達目標ではない。学びや生活の質を高めていくために，一人ひとりの子どもの姿を捉え，保育者・教員の関わりや環境の構成を改善・充実していくために活用すべきものである。そこで，発達や学びのプロセスの質の評価のためには，日々の保育計画や振り返りの視点として可視化することが重要である。決して10項目に分類することが目的ではなく，総合的な活動を改めて10の姿に落とし込んでみるという形になるであろう。筆者はそのよ

表1　「育てたい10の姿からみた活動記録」（善野，2022a）

		○月△日（◇曜日）		
	クラス	年少組 （3才児）	年中組 （4才児）	年長組 （5才児）
	主な設定保育			
1	健康な心と体			
2	自立心			
3	協同性			
4	道徳性・規範意識の芽生え			
5	社会生活との関わり			
6	思考力の芽生え			
7	自然との関わり・生命尊重			
8	数量・図形，文字等への関心・感覚			
9	言葉による伝え合い			
10	豊かな感性と表現			
	子どもの様子			
	願いや思い			

うな思いと願いで，表1を作成した（善野，2022a）。

　1年間の実践後，「幼小接続期における子供の育ちと学びに関する考察〜『幼児期の終わりまでに育ってほしい10の姿』をてがかりに〜」（善野，2023）としてまとめた。

　ネットワーク上のスプレッドシート（表1）に，共同編集できる園日誌の記録用のフォーマットを提案し，その取組を実践した教員へのインタビュー調査を実施した。

　子ども理解の「アセスメント」は，子どもの指導・援助のあり方を決定するために必要な情報を収集・判断・検証する過程と考えることができる。

　なお，「義務教育開始前となる5歳児は，それまでの経験を生かしながら新たな課題を発見し，新しい方法を考えたり試したりして実現しようとしていく時期」とされることから，5歳児・4歳児・3歳児の担任（B園の勤務歴14年〜23年）に同様のインタビューをした。インタビューは各90分程度で，項目は，「これまでの10の姿で課題であったこと，（表1）の取組を通して効果的であったこと，この実践で特に意識して工夫していること，どのような支援や研修が幼保小連携接続をうまくすすめることにつながると考えるか」について等を聴き取った。紙幅の関係で一部（5歳児担任：年長組）を抜粋する。

　「毎日，10の姿を意識した保育をするようになり，大きく変わった。翌日の保育を考える際に，「これは10の姿のどこに当てはまるだろう」と考えながら予定を立てるようになった。どんな力をつけたいか，しっかりとねらいを持って保育をするようになった。その日の子供の様子を記入することで，一日の保育の振り返りをしっかりするようになった。ただ振り返るのではなく，子供が伸びたと思うことを記入したり，自分の保育でうまくいかなかったことを自覚したりする機会になっている。子供の伸びている点に目を向けるようになり，保育に向かう姿勢がガラリと変わった。

　これまでは，できていないことをいかにできるようにさせるか，ということばかりに気が向いていた。

> スプレッドシートで，どの項目が足りないのか一目瞭然なので，足りない項目には，活動を取り入れるようになり，バランスよく保育ができるようになった。また，年少組と年中組の担任が，どんなねらいで保育をしているのか，よくわかるようになった。クラスで起きた出来事なども，知ることができて，通園バスや外遊びで出会って声をかける時の参考になっている。

　とりわけ，10の姿のうち「5 社会生活との関わり」と「9 言葉による伝え合い」の総合的な質の高まりが見られた。例えば，「今までショッキングなこととか印象に残ったことだけが話題になったのに，日常の中にある変化や気になっていることを追跡しているとか，あのことがここにつながっているのだということを自分で結びつけてしかもそれをみんなに伝える。私自身もニュースを見るようになったのです。」という教員の変容が随所に見られた。

　考察結果として，1点目に，表1が契機となり教育・保育活動の意識変容として有効であったこと，2点目に，「幼保小接続期の教育・保育の質向上」として幼児教育から学校教育への育ちの連続性を見通す情報共有となること，3点目に幼保小連携接続のエビデンス資料の一つとなることが明らかとなった。

　コロナ禍以降では，一斉に幼保小の合同研修日時の設定がかなわなくともICTやオンライン等の活用により実施できる利便性が生まれた。そういった学びは幼児期の3要領・指針や小学校の学習指導要領の理念をより徹底できる契機にもなる。効果的な合同研修のサイズは園と小学校，校区ごとの実践である。このような実践が進めば，加速度的に変化する子どもを取り巻く環境や幼保小の取組を誇りとしながら情報共有し可視化できる。さらに，「PLAN →DO → REVIEW」を毎年繰り返しながら，計画と行動及び結果を振り返ることが，施設長・学校園長，担任の交代に影響されずに継続されることが期待される（善野，2022 b）。

　幼児教育の充実がもたらす未来は，施設類型や地域，家庭の環境を問わず，全ての子どもに対して格差なく質の高い学びを保障する環境の実現である。こ

れは，「子どもに関わる大人が立場を越えて連携・協働する」という責務であり，子どもの育ちと学びをつなぐという共通の役割であり使命なのである。

参考文献

中央教育審議会 初等中等教育分科会 幼児教育と小学校教育の架け橋特別委員会「第3回会議までの主な意見等の整理」2021

ヘックマン，J. J. 著，古草秀子訳『幼児教育の経済学』東洋経済新報社，2015

ハイスコープ公式サイトhttp://high scope.org/（2022.10.4 閲覧）

中室牧子『「学力」の経済学』ディスカヴァー・トゥエンティワン，2015

ミシェル，W. 著，柴田裕之翻訳『マシュマロ・テスト―成功する子・しない子』早川書房，2015

文部科学省「幼児教育スタートプランの実現」2021
　　https://www.mext.go.jp/content/20210901-mxt_youji-000017746_4.pdf

文部科学省「幼保小の架け橋プログラムの実施に向けての手引き（初版）」2022

志田実恵「幼児期の教育が重要といわれるきっかけ『ペリー就学前計画』とは」2019
　　https://chiik.jp/efdv0/

善野八千子「幼児教育で大切にすべき基礎・基本―これからの幼小連携接続を見通して―」梶田叡一責任編集，日本人間教育学会編『教育フォーラム』69　金子書房，2022a，pp.95-105

善野八千子「これからの幼児教育の特色と役割―「こどもの育ちと学びをつなぐ」共通の責務と使命―」『教育PRO』第52巻第10号，ERP，2022b

善野八千子「幼小接続期における子どもの育ちと学びに関する考察―幼児期の終わりまでに育ってほしい10の姿をてがかりに―」『奈良学園大学紀要第15集』奈良学園大学，2023

特集◎令和の教育課題——学制150年を踏まえて

●

これからの教育に求められるもの
「一人ひとりが特別支援」

●

阿部　秀高○あべ　ひでたか

はじめに——「一人ひとりが特別支援」とは？

　学制制定150年を迎え，令和の教育課題として挙げられることが多い特別支援教育，不登校の問題，ICT の活用など，私が 30年間関わってきた学校を取り巻く問題でありこれからの学校，教師に突きつけられている。

　私が 30年の教員生活で取り組んできた信念であり，柱となっているのが，恩師であり，私の実践研究を常に導いてくださっている梶田叡一先生の提唱されている「われわれは，子ども一人ひとりが個性的で主体的な存在として成長していくのを援助していくことこそが，教育の究極的な使命であると考える」という「人間教育（Education for Human Growth）」の考え方である（梶田，2022）。

　さらに，梶田先生がおっしゃる「全ての子どもに学力保障と成長保障の両全を行う」という言葉には，「授業づくり」「学級づくり」の観点から，全ての子どもたちに学校教育を通して，知徳体，バランスのとれた豊かな成長を遂げてもらいたいという願いが込められている。さらに，梶田先生は，法華経の「開

示悟入」の考え方に基づき、子どもたちに自ら主体的に学び、それを活用することができる確かな力の保障を行っていくことが大切であると言われる（梶田, 2022）。しかしながら、学校現場では、様々な教育課題を抱え、子どもたち一人ひとりに確かな力を育むという学校教育の根幹すらままならないというのが現状である。

　そこで、本稿において令和の教育課題として特別支援教育、一人ひとりを大切にする教育のあり方を考えるにあたり、「真の人間教育とは、なんぞや？」と自らに問い直した。その結果、やはりそれは、一人ひとりが自分に応じた支援を受け、一人ひとりが本当に大切にされる授業づくりと教育システムの構築においてこそ実現されるものであると考えた。これがまさに、「一人ひとりが特別支援」の考え方であり、我々教師がめざすべきものである。この考え方に梶田先生から賛同をいただき、私は、この考えに基づいて、すべての子どもたち一人ひとりが特別支援を受け、その子に応じた確かな学力保障、成長保障がなされる教育の研究をめざすことにしたのである。

　私は、現在自らの研究フィールドである小中学校の教育現場にて現役の先生方と授業づくりについて話す。その中で「特別支援を必要とする子どもが多くて、なかなか授業が難しい」「学力の差が激しすぎて、どこに照準を合わせていいのか分からない」という話をよく耳にする。果たして、「特別支援」「学力の差」といったことは、本当に授業づくりを難しくさせている問題なのだろうか。多様化、個別化の時代に義務教育である小中学校で行うべき教育は、限りなく同一であるべき商品を生み出す工場のようであってはならない。小中学校は、子どもたちの発達にとって人間形成を促す教育の根本となる場であり、高等学校、大学、社会へと自立を果たしていくために必要な一人ひとりの個性や自分らしさを築いていく大切な時期である。そういう意味において、小中学校での教育とは、一人ひとりの子どもにとって重要な役割を担っているのは言うまでもない。だからこそ、われわれ教師は、授業を中心とした学校での教育活動とその他の場で行うすべての教育活動において子どもたちを集団として見ず、常に個を意識して立ち向かうという厳しい選択ができる強い意志を持つべきな

のである。

　私自身の小学校教諭時代の経験として，学力低下，いじめ，不登校，学級崩壊といったさまざまな教育問題が取りざたされる中，いつも子どもたち一人ひとりが何を求めていて，自分自身が教師として，何を提供できるのかを自問自答し，試行錯誤しながら取り組んできた。十分満足できるとは言えないかも知れないが，いつも思い出されるのは，集団としてのクラスの思い出よりも，一人ひとりの顔であり，エピソードである。一人ひとりの顔やエピソードが教師の仕事の履歴である。だからこそ，われわれ教師は，一人ひとりを特別支援する心構えが必要なのである。それが「一人ひとりが特別支援」の考え方である。かつて，「特殊教育こそ教育の原点である」という言葉を教育現場において耳にした。対象の子どもが特別な支援を求めているという意味においては，まさに特殊教育こそ，個を大切にする教育の原点であると言える。特殊教育から特別支援教育に転換されたが，一人ひとりの特別な支援のニーズに応える教育をすべての子どもたちに今必要な教育・支援としてより効率よく行うのが特別支援教育であり，それはいつの時代でもすべての子どもに対して行われるべきものなのである。

1　「一人ひとりが特別支援」を実現する授業を目指して

①　教育文化の継承と発展……………………………………………………………

　令和の教育課題としてよくあげられる不登校や学力低下には，コロナ禍によってより強く意識されるようになった個別化，考えの多様化が及ぼす問題が重大な影響を及ぼしていると考える。個別最適化された学習が行われることは，ニーズに合わせた特別支援教育としては望まれることかもしれないが，それがオンライン授業や個別ブースなどによって，他者とのリアルな関わりがない中で行われるものであるとすれば，かなり危険である。聞こえはよいが教育の個別適正化，多様性の保障を中心に置くことが果たしてこれからの学校で望まれることなのだろうか。日本の学制制定150年で培われた集団授業，学級活動などに

おいて他者との関わりを通して学び，集団の中で自分を活かし，成長していくという教育文化が廃れてよいのだろうか。私は，こうした多様性・個性重視の時代だからこそ，個別化された教育に傾倒しすぎるのではなく，われわれ教師が，学校ならではの学びを生み出し，学校教育の意義を問い直すこと，そして子どもたちが学校に来る意義をもっともっと自覚できるような教育をこれまでの教育文化の遺産を継承しつつ，新しい時代の教師につないでいく必要があると考える。そのために，すべての教師が次に述べる「一人ひとりが特別支援」を実現する授業のポイントを意識して，すべての子どもに確かな成長保障を行う授業づくりを目指すことを提案する。

② 「一人ひとりが特別支援」を実現する授業の10ポイント …………

現在の学校現場では，世代交代が進み，経験5年以内の教師と30年以上の大ベテランとの世代の二極化が激しくなっている。さらに人手不足によって，再任用教員が多くなっていることもあって，うまくコミュニケーションがとれないなどの問題も顕在化している。

私が学力向上推進アドバイザーを務める兵庫県T町では，毎年出生数が下がりどんどん子どもが減っている。少なくなる子どもたちにより良い教育を保障するために，一人ひとりに確かな学びを保障する学校教育の改革に取り組んでいる。

学力向上推進アドバイザー就任2年目の2022年度は，町内すべての学校で授業のシステム化の研修を進め，確かな学力と成長を保障するために授業づくりのスタンダードを策定し，どの学校でも実践することにした。日々，手探りで授業づくりをしている経験の浅い教師が，授業のルーティーンとして何を行うかを理解し，ポイントに沿って教材研究や授業を実践することができるようになった。また，若手教師と先輩教師の授業づくりに対する視点が共有され，コミュニケーションが円滑になり，すべての教師がある程度同じ方向性で授業実践が行えるようになり，授業のレベルの保障が期待できる。さらに，このポイントによる授業が定着してくると，子どもたちが授業展開に見通しを持つこ

とができ，学びやすさにつながっていくことが予想される。T町のスタンダードとして町教育委員会に提案している授業づくり10ポイントを図1に示す。まさに，子どもたち一人ひとりに確かな学びを保障する授業のポイントであり，「一人ひとりが特別支援」を実現する授業の10ポイントである。それぞれを具体的に説明していく。

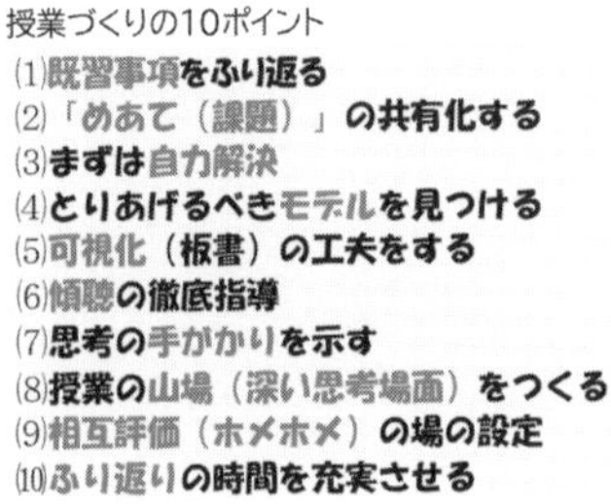

授業づくりの10ポイント
(1)既習事項をふり返る
(2)「めあて（課題）」の共有化する
(3)まずは自力解決
(4)とりあげるべきモデルを見つける
(5)可視化（板書）の工夫をする
(6)傾聴の徹底指導
(7)思考の手がかりを示す
(8)授業の山場（深い思考場面）をつくる
(9)相互評価（ホメホメ）の場の設定
(10)ふり返りの時間を充実させる
図1　T町の授業づくり10ポイント

(1)　既習事項をふり返る

最初のポイントは，すべての子どもたちが可能な限りスタートラインを合わせるために授業の導入において重要な既習事項を確かにふり返ることである。右の写真は，国語科「モチモチの木」（光村3年下）の一場面での学習のポイントを掲示したものである。授業のスタートとともに前時で学んだことを一目瞭然にふり返ることができてしかも，今から何をすればよいのかわかる。この掲示では，今日も前回の一場面と同じように，二場面でもいろいろな豆太を見つけて，このようにまとめるという見通しが立つ。T町の先生方は，これまでの学びをこうした掲示やモニターを活用してふり返ることから授業を始め，すべての子どもが授業のスタートをスムーズに切ることができるように工夫している。

一場面
おくびょうで弱虫な 豆太
こわがりであまえんぼうな 豆太
おとうとちがって気が弱い 豆太
じさまがいないとだめな 豆太
図2　「モチモチの木」一場面の学び掲示

(2)　「めあて（課題）」の共有化する

ポイントの2つ目は既習事項のふり返りを受けて，本時のゴールであるめあてを示し，それを子どもたちと共有することである。共有するとは，教師が提示しためあてを子どもたちの目標とするために，具体的に今日は何ができたらよいのか見通しを子どもたちと一緒に共通理解することである。例えば図3のようにめあてのポイントを示す。学習のゴールをより具体的にイメージさせて「できるかもしれない」という意識を持たせることは，子どもたちの意欲を喚

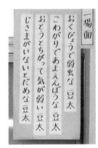

起し，主体的な学びを促すことにつながる。

(3) まずは自力解決

めあての共有化によって，子どもたちが今
からの学びに見通しを持てた後は，とにかく
まずは考えさせてみることである。ここで大
切にすべきは，「できなくてもよい」ことで
ある。それぞれに考えさせる時間をとること
によって，教師は個別支援に回ることができ
る。小学校では，10分以内を目安に，机間指
導によって子どもたちの学びを観察する。つ
まずきをキャッチするためにも大切な時間で
ある。

図3　「めあての共有化」の例

(4) とりあげるべきモデルを見つける

次のポイントは，子どもたちの自力解決の時間に個別支援とともに教師が行
うべきことである。それは，モデル見つけで，机間指導中に今日のめあての達
成に必要な考え方や意見など，とりあげるべき価値ある内容を生み出している
子どもを見つけておくことである。ここで見つけた価値ある考え方や意見を全
体交流の場で必要に応じてとりあげていくことによって，授業が展開していく。

(5) 可視化（板書）の工夫をする

自力解決によって得た考えや意見を全体交流する際は，それらを効率的に可
視化し，活用できるようにすることが大切である。板書したり，モニターに映
したりしながら可視化することによっ
て，授業の最終段階まで今日の授業のポ
イントとなる価値ある考え方や意見を何
度も目にすることができ，定着につなが
る。今日の学びの履歴がよくわかる板書
は写真などでデータ化し，ICTに蓄積
して活用したい。T町の板書には，先の

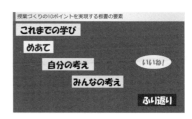

図4　T町授業づくり10ポイント
　　を実践する板書の要素

10ポイントをもとに，図4の板書の要素を入れることを推奨している。それに基づいて書かれた板書例が図5である。まさにこの授業で何を学んだか，過程と成果が見える板書である。

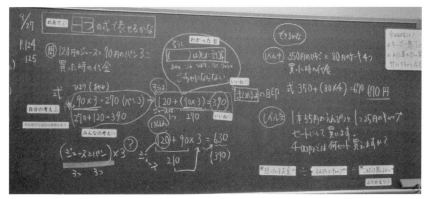

図5　Ｔ町Ｓ教諭による板書例

⑹　傾聴の徹底指導

　支援を必要とする子どもたちは，話を聴いて理解することが特性として苦手なことが多い。それゆえポイント⑸の可視化の工夫が重要なのである。だからといって，聴くことの指導をあきらめず，常に傾聴の指導を徹底することを特に授業では行うべきである。アクティブ・ラーニングをはじめグループでの話し合いが授業の中に取り入れられている昨今，他者の話をしっかり傾聴し，それを通して自分の考えを更新していくことが大切である。そのためにも子どもたちには地道に傾聴による成果を書いてメモする習慣をつけていってほしい。それがすべての子どもに確かな学びの力をつけることにつながっていくと考える。

⑺　思考の手がかりを示す

　これからの授業に求められる主体的・対話的で深い学びを実現するためには，授業に思考場面を設定し思考経験を積み重ねることが重要となる。そうした積み重ねによって思考スキルを習得し，新たな思考場面で活用していくことができるようになるのである。思考の仕方をできるだけわかりやすく可視化し，既

㊲効果	㉞論理 筋道立てる	㉛代入	㉘つまり	㉕一番…	㉒中心点	⑲みんなのこと 自分のこと	⑯消すのは ×	⑬きっかけ	⑩推理	⑦変化	④分類	①比べる
㊳か条書き たどる	㉟要旨主題と	㉜平等	㉙三の秘密	㉖メッセージ	㉓特徴的な表現	⑳キーワード	⑰過ぎるは ×	⑭繰り返し	⑪優先順位	⑧強調	⑤予想	②理由
㊴仮定	㊱比喩	㉝推敲	㉚いざない	㉗具体的	㉔事実 前の学習を生かす	㉑引用	⑱考え・意見	⑮自分に重ねて	⑫相手意識	⑨要約	⑥言い換え	③根拠

図6　思考の手がかりとなる掲示例

習事項とともに手がかりとして示しておくことが，抽象的な思考を苦手とする支援を要する子どもたちにとっては有効である。図6のような思考の手がかりとなるような言葉や図などを掲示して常に活用を意識できるようにしておくことで，すべての子どもが主体的に思考する姿勢の形成と思考スキルの習得につながっていく。

(8)　授業の山場（深い思考場面）をつくる

　すべての子どもたちに授業の成果を実感させるためには，授業でしっかり考えて自分の考えをつくることができたという達成感を味わわせることが重要である。そのためには，比べて考える，次を予想するなどのシンプルな思考を行う場面を授業の山場として設定することが有効である。図7に示した板書例は，

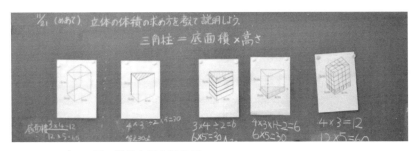

図7　シンプルで深い思考を促す板書例

算数の立体の体積の求め方を5種類，比較検討しやすいように並べている。どのやり方が最も効率的か，自分にとって使いやすいかという，よりシンプルな思考を促し，その理由，根拠を考えさせることで深い学びに導いていきたい。このように，授業の山場では，すべての子どもにとって，考えやすいシンプルで深い思考ができる場面を工夫することが重要である。

(9)　相互評価（ホメホメ）の場の設定

　すべての子どもたちに授業を通して主体的に学び，確かに学ぶ力を身につけさせるためには，授業において，成果を実感させることが最も重要である。そうした成果は自分だけで実感するのは難しい。そこで，それぞれが自分の考えを交流する中で，お互いの考えの良さを共有し，相互評価する場面の設定を大切にしたい。私はこれを「ホメホメ場面の設定」と呼んでいる。よいところ見つけに限定し，考えを交流する中で，自分の考えの良さ，高まりに気づき，自己肯定感の育成につながっていくのである。

(10)　ふり返りの時間を充実させる

　最後のポイントは，ポイント(2)のめあてが達成できたかどうか，めあてをもとに学んだ結果どのような成果があったかどうかをふり返ることである。図8のように授業ごとに今日のめあてをふり返って学びの過程と成果を文章で記述させることによって，子どもたちには自分の成長を自覚する力が培われていく。図8のふり返りには他者との交流のおかげで自分のつまずきに気づくことができたことが書かれている。こうした気づきは子どもたちに他者との交流の意義を自覚化させ，他者に対する感謝の気持ちの醸成や自分の成長への確かな手ごたえを感じることにつながっていく。

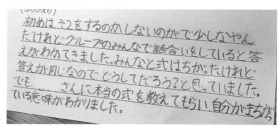

図8　ふり返りの記述例

2 「一人ひとりが特別支援」を実現する教育システム構築を目指して

① 求められる教育・支援の「つながり」……………………………………

　「一人ひとりが特別支援」の理念を実現していくためには，学校の中心である授業をより良いものにし，それを共通理解・実践していくことが重要であることを述べてきた。

　さらにそれに加えて特別支援教育において重要なのは切れ目のない「つながり」と一貫性のある教育・支援である。そのために必要な学校・教師と子ども，保護者のトライアングルの形成による，教育システムの構築の重要性について述べておく。

　現在の学校・教師は働き方改革によって，多忙感の解消を目指し，仕事の合理化に向かっている。それはよりよい教育の実践のために絶対必要なことであり，確かに教師に時間的，精神的余裕がなければよい教育は生まれない。一方で，子どもと保護者との「つながり」を持つ，信頼関係構築のために必要な時間を生み出すことは，よりよい授業づくりを目指すことになるとともに学校・教師にとって大切なことである。ただ保護者と話す時間をとるだけでなく，大切なのはその内容である。子どもたちの成長には，特に保護者の不安感が大きく影響する。そこで，学校・教師に求められるのは，プロの教師として身につけておくべき素養，いわゆる子どもの発達や学習についてのより専門的な知識と経験である。それらは学校・教師への信頼を生み，それが家庭での保護者の安心感に「つながり」，子どものより良い成長を実現できる。これが求められる学校・教師と子ども，保護者の「つながり」である。

② エビデンスに基づく確かな「つながり」……………………………

　切れ目のない教育・支援の「つながり」を実現するためには，その意義・成果を明確にする必要がある。そのためには，学校での学びとそれに対する評価

を的確に行い，成長のエビデンスとして保護者と共有することが重要である。これを実現するために，GIGAスクール構想によって子ども一人ひとりに配られているタブレットやパソコンにeポートフォリオシステムを導入し，子どもの学校での日々の学びの姿を蓄積し，学校と家庭でそれを共有する方法がある。株式会社NSDが提供するeポートフォリオシステム「まなBOX」は，現在提供されているシステムの中でもeポートフォリオとして最も使いやすいと筆者は考えている。この「まなBOX」が優れているのはまず，クラウドサービスであり，ネット環境があればどこでも使える点である。また，eポートフォリオに特化しているシステムなので，使う目的・場面がわかりやすい。さらに，子ども一人ひとりの学習成果や学びの姿を学年を越えて長期間，教科ごと活動ごとに整理分類しながら蓄積できること，さらには蓄積した学びによってこれまでの成果とその過程を時系列でふり返ることができることが大変優れている。つまり，その子どもの個別指導支援カルテとなり，学校・教師，保護者が子どもの成長記録をより具体的に共有できるのである。さらに，学習成果を閲覧し，時間軸で比べていくことによって，その子どもの成長をよりリアルにとらえることができる。このタブレットに蓄積された学びと評価が，子どもたちの成長のエビデンスであり，それを学校・保護者・子どもがより具体的に共有することによって，切れ目ない「つながり」のある教育・支援システムの構築ができる。まさに「一人ひとりが特別支援」を実現する教育システムとなる。

おわりに——すべての人が活かされる理想の追求こそ教育

　教師の財産は経験である。その経験から生まれた考え方や方法論，具体的な工夫などは，特効薬のような即効性や絶対的な効果はすぐに発揮されないかもしれないが，絶対にこれからの子どもたちへの教育にも価値があると信じて語り継いでいくべきものだと考える。私自身，現在研究分野としている国語科教育や特別支援教育に目が向き，微力ながら実践研究を続けてこられたのも，先輩方からの財産の伝承・継続によるものである。だから今度は私が試行錯誤してきた実践と人々との出会いから学んだ「一人ひとりが特別支援」を実践する

ための工夫を伝承していかねばと改めて思う。「一人ひとりが特別支援」の理念の実現を目指すことによって，すべての子どもたちに確かな学びと成長をもたらすと信じ，今後も私が関わる学校，教師，学生，子どもたちとともに，「一人ひとりが特別支援」の理念に基づく教育実践を探りたい。最終的には，文部科学省のいうインクルーシブ教育システムの構築による共生社会の実現を目指していきたい。

　コロナ禍終息が見え始めているとはいえ，不安定な国際情勢，不登校やいじめ，教師不足，不祥事などつきることのない国内の教育問題がある。乗り越えていかねばならない問題山積の時代だからこそ，すべての人が力を合わせ，共生社会というワンチームの中で活かされることができる人材の教育を追い求めていくことが長年教育に携わってきた我々に課せられた使命であることをもう一度肝に命じ，いつも真摯に子どもたちの教育に向き合わねばならないと思う。

参考文献

阿部秀高『特別支援こそ真の〈人間教育〉』ERP，2013

阿部秀高「インクルーシブ教育システムの構築とその必要性――人・場所・心をつなぐ指導支援の在り方」『人間教育学研究』第7号，2022，1-10

阿部秀高著，梶田叡一監修『明日からできる活用力育成――言葉を鍛えて学力向上』文溪堂，2014

梶田叡一『基礎・基本の人間教育を』金子書房，2001

梶田叡一『人間教育の道――40の提言』金子書房，2022

特集◎令和の教育課題——学制150年を踏まえて

●

学校の組織運営体制の整備を

令和の日本型学校教育における「チームとしての学校」理念の実現

●

陸奥田　維彦○むつだ　しげひこ

はじめに

　中央教育審議会（2021）は「『令和の日本型学校教育』の構築を目指して〜全ての子供たちの可能性を引き出す，個別最適な学びと，協働的な学びの実現〜（答申）」（以下「令和の日本型学校教育」答申）を公表した。改革に向けた6つの方向性が示されたが，その1つに「連携・分担による学校マネジメントを実現する」とある。「令和の日本型学校教育」推進における学校の在り方が，中央教育審議会（2015）「チームとしての学校の在り方と今後の改善方策について（答申）」（以下「チームとしての学校」答申）があらわす「チームとしての学校」理念の実現にあると考えられる。しかしながら，「チームとしての学校」答申から6年後の「令和の日本型学校教育」答申においても，「学校マネジメントの実現」が繰り返し語られるのは，未だその方策等が模索され不十分な状況であるということではないだろうか。令和の日本型学校教育における未来を担う子どもたちの育成にとって，「チームとしての学校」の理念を実効性あるものとするためには，早急に学校組織運営体制の構築が求められる。

1 「チームとしての学校」はスローガンでいいのか，主に多職種連携としての提言ととらえていいのか

　「チームとしての学校」答申が公表されて以来，例えば学校だより等で「チーム〇〇小として全教職員が心を一つに……」「学校だよりのネーミングは，教職員がチームとなって生徒を育てていくことを願って『チーム□□中』としました。」等スポーツに通じるような一致団結して教育に当たるというスローガン的な用語が多用されている場面が散見される。しかし同答申を通覧すると，やはり「結束する」という意味合いだけではない。「チームとしての学校」にはどのような理念があるのだろうか。

　答申で示されている「チームとしての学校」像は「校長のリーダーシップの下，カリキュラム，日々の教育活動，学校の資源が一体的にマネジメントされ，教職員や学校内の多様な人材が，それぞれの専門性を生かして能力を発揮し，子供たちに必要な資質・能力を確実に身に付けさせることができる学校」である。なぜ「チームとしての学校」なのか。同答申にはその背景として「変化の激しい社会の中で生きていくためには，時代の変化に対応して，子供たちに様々な力を身に付けさせることが求められて」いること，「社会や経済の変化に伴い，子供や家庭，地域社会も変容し，生徒指導や特別支援教育等に関わる課題が複雑化・多様化しており，学校や教員だけでは，十分に解決することができない課題が増えてい」ること，「我が国の教員は，幅広い業務を担い，労働時間も長い」こと等が挙げられている。そして，その解決のために，3つの学校の体制整備が不可欠であると言及している。「新しい時代に求められる資質・能力を育む教育課程を実現するための体制整備」「複雑化・多様化した課題を解決するための体制整備」「子供と向き合う時間の確保等のための体制整備」である。それらによって，「教職員一人一人が，自らの専門性を発揮するとともに，専門スタッフ等の参画を得て，課題の解決に求められる専門性や経験を補い，子供たちの教育活動を充実していくことが期待できる」としている。

　では，多様な職種の専門性をもつ専門スタッフとの連携が「チームとしての学校」実現のための重要な柱なのか。もちろん実現のための１つの方策であることは間違いない。日本の学校は教員以外の専門スタッフの割合が諸外国と比べ低い。初等中等教育分科会チーム学校作業部会（2014）「学校基本統計報告書」では，専門スタッフの割合が，アメリカでは44％，イギリスでは49％に対して，日本は18％にすぎない。そのため日本の教員は生徒指導等の授業以外の業務を多く担う。加えて教員だけでは解決できない状況が増加傾向にある。ある意味多職種連携は必然である。

　「チームとしての学校」答申では，学校と地域（家庭や地域，関係機関等）との関係においては，「連携・協働」とし，学校内，特に専門スタッフとの関係においては，「連携・分担」としている。答申の註には，「『連携・分担』は，校長の指揮監督の下，権限や責任が分配されている教職員や専門スタッフとの間の関係など，学校内の職員間の関係に用いる。」「分担：分けて負担すること。一つのことを分けて受け持つこと。」と説明され，教員の分業体制を明確に示した。学校が各種の専門家と機能的に役割を分担するということである。そこには「働き方改革」の視点がある。多様な経験や専門性を持った人材を学校教育でいかしていくためには，教員が担うべき業務や役割を見直し，多職種による連携の文化を学校に取り入れていくことが大切である。

　一方で，文部科学省（2010）『生徒指導提要』では，多職種連携について，「学校ができない点を外部の専門機関などに援助をしてもらうことが連携」であるとし，「連携は，コラボレーションの考え方を基に行うことが原則」であり，「コラボレーションとは，専門性や役割が異なる専門家が協働する相互作用の過程を指」すと述べている。「チームとしての学校」答申においても「専門スタッフの参画は，学校において単なる業務の切り分けや代替を進めるものではなく，教員が専門スタッフの力を借りて，子供たちへの指導を充実するために行うものである。言い換えれば，教員が専門スタッフに業務を完全にバトンタッチするのではなく，両者がコラボレーションし，より良い成果を生み出すために行うものである。」とチームによる協働を強調している。「分業」と「協働」の共

存という矛盾を感じる方もおられるかもしれない。筆者は教職大学院院生対象に「チーム学校の実践的展開」という科目を担当しているが，専門スタッフとの連携・分担についての授業の振り返りにおいて院生は，「答申の記述から驚いたことは，『分担』ということだ。協働のイメージが強かっただけに，分担は真逆のように感じた。『分担』という新しい視点から，チームとしての学校について学んでいきたい。」「『チーム学校』とは，目標があり，役割・分担が明確であることだということが理解できました。役割の責任意識が，チームを支えていると思いました。」等と書いている。「教員の多忙化縮減」の視点への気づきがあったようである。

　「連携・分担」については，よくたとえられる「チーム医療」が参考になるだろう。紅林（2007）は，チーム医療の意味として「医療従事者たちが，それぞれの力（専門性）を発揮し，他の医療従事者と協力して，患者に貢献する」こととし，「チームを組むことによって，公約数の医療や平均値の医療ではなく，最大値の医療が行われることが期待されている」と述べている。業務を分担するとともに，互いに連携し，補完し，患者の個の状況に応じて治療やケアに当たるのである。医師と看護師等との関係のように，教員と専門スタッフとが分業分担，連携を行っていく。前田・猪尻（2016）は，1992年にサラスらが述べたチームとよぶ4つの条件を示し，「達成すべき目標が存在する」「チームの目標のために互いに依存し合う関係がある」「各メンバーに果たすべき役割が割り振られている」「チームの構成メンバーとそれ以外との境界線が明瞭である」が満たされる必要があると述べている。責任・権限・役割を明確にし，目標に向けていかなる分担と協働がなされるのかが重要なのであろう。

　ではやはり「チームとしての学校」答申は，主に多職種連携に対する提言ととらえていいのだろうか。総務省行政評価局（2020）は「学校における専門スタッフ等の活用に関する調査結果報告書」を公表した。「スクールカウンセラーやスクールソーシャルワーカーについて，専門的職務に対する学校現場での理解や学校等との連携が不足しており，十分に活用されていないという実態が見られた」ことから，理解を促進する取組事例の共有や活用に当たっての課題の把

握及び解決策の検討等，総務大臣から文部科学大臣に勧告を行った。加えてそもそも自治体によって，専門スタッフの配置状況は実にさまざまである。答申に取り上げられているすべての専門スタッフが順次配置されるはずもない。配置されていない専門スタッフとの連携分担をどうしようかと考える余裕は学校現場にはない。そして専門スタッフの配置を拡大することが「チームとしての学校」を構築することではない。学校現場が確認すべきは，スクールカウンセラー，スクールソーシャルワーカー等の少数職種が孤立しないよう，学校全体で意識改革を行い，専門性や立場の異なる人材をチームの一員として受け入れることである。対する学校教育に参画する専門スタッフにも，子どもの教育を共に担っていくチームの一員であるという意識が求められるとともに，学校の仕組みや教員の文化等に関して理解することが求められる。そして何よりも互いの職務内容を十分理解し尊重し合いながら，そのうえで専門家としての専門性の発揮が求められる協働の文化を構築することである。その構築のために，また学校現場でより切迫しているのは，学校の組織運営体制の整備なのではないか。

2　今こそ学校の組織運営体制の整備による「チームとしての学校」理念の実現を

「チームとしての学校」答申において「チームとしての学校」を実現するための３つの視点とその方策が示された。「①専門性に基づくチーム体制の構築」，「②学校のマネジメント機能の強化」，「③教員一人一人が力を発揮できる環境の整備」である。一方「社会に開かれた教育課程」「主体的・対話的で深い学びの視点に立った授業改善」「カリキュラム・マネジメントによる教育の質の向上」等，これらを支え実現するのは，学校の機能が強化された学校組織運営体制であり，専門性を発揮できる環境が整備された一人ひとりの教職員であることも示された。中央教育審議会（2019）「新しい時代の教育に向けた持続可能な学校指導・運営体制の構築のための学校における働き方改革に関する総合的な方策について（答申）」では，教員の長時間勤務を是正し，教師本来の業

務に専門性を発揮できる環境整備のためには「学校及び教師が担う業務の明確化・適正化を進めるとともに，（中略）学校の組織体制の在り方を見直すこと」と説明している。つまり業務量そのものの見直しと学校の組織運営体制の見直しを一体的に行うことが重要なのであり，それが上述②，③の方策である。「チームとしての学校」答申が公表されてから，チーム意識は高まっているものの，実際のマネジメント機能強化には結びついていない可能性はないだろうか。いくら多職種連携をしても，マネジメント機能が十分発揮されなければ，打合せの時間等，教師の業務は増えいっそう多忙になるはずである。多様な専門スタッフが学校内に増えても学校の教育力・組織力が向上するとは限らず，専門スタッフ相互の専門性の違いにより葛藤，衝突が増すことも考えられる。それぞれの職種等の専門性を理解した上に必要な時に必要な能力を持った人を招集する等，マネジメント機能が発揮される組織が整備されているからこそ「チームとしての学校」が実現へと向かうのである。それは，カリキュラム・マネジメントを行う際のマネジメントサイクルの循環を支える組織運営体制を整備すること，いじめ事象等学校現場で生じた課題解決が円滑に進まない背景として，組織運営体制が不十分であることも多く，その整備が求められていること等とも関連している。つまり，今学校組織運営体制を整備することが急務なのではないか。学校や教員だけでは，十分に解決することができない課題が増加し，多職種連携も求められているが，その連携を支えるのは教職員等の多忙感や徒労感を生じさせるようなやみくもな連携・協力・分担ではなく，学校における業務のあり方を見直しつつ，多忙感も課題と捉えながら，連携を促進するマネジメント機能が強化された組織運営体制なのである。

3 学校のマネジメント機能をどう強化するのか

では，どのように学校のマネジメント機能を強化させるのか。従来の学校組織は校長，教頭以外は横一線に並ぶいわゆる「なべぶた」組織であり，組織的な学校運営を困難にしてきた。組織の構造を階層化し，活性化させて，効果的

に運営していく必要がある。校長のマネジメント体制を支える仕組みの充実を図るためには、管理職を育成し適材に確保し、総務、財務等の専門職である事務職員の職務の在り方等を見直し事務機能を強化し、管理職がリーダーシップを発揮しやすい体制を整える必要がある。なかでも、校長の補佐体制の強化として、「主幹教諭制度の充実」について述べる。

中央教育審議会（2007）「教育基本法の改正を受けて緊急に必要とされる教育制度の改正について（答申）」では、「教員免許更新制の導入等を図るとともに、副校長（仮称）、主幹（仮称）、指導教諭（仮称）の職の設置を通じて、学校の組織運営体制の強化を図り、より充実した学校教育の実現を目指していく」ことが提言された。これらの答申を受けて学校教育法が一部改正（2007年）され、主幹教諭は、「校長、副校長及び教頭を助け、命を受けて校務の一部を整理し、並びに児童の教育等をつかさどること」と定められ、他の教諭等に対して指導・監督という職責を担うポジションとして位置付けられた。主幹教諭が管理職と教職員との間で校務の要となり、学校組織に縦系列の職位を設置し、校長のマネジメント体制を確立することを企図したのである。しかしながら主幹教諭の活用については課題も多く、実際の現場ではうまく運用できていない等、未だに十分には機能していない現状もある。

「チームとしての学校」答申では、主幹教諭が担当している業務として、「学校運営の企画及び調整に関する校務」「教務に関する校務の整理、調整」「校長、副校長、教頭など管理職の補佐」「教職員の指導・育成」の割合が高いとある。特に、小・中学校では、「教務に関する校務の整理、調整」を担当している割合が高く、教務主任が担っている校務を担当していると記されている。また主幹教諭配置の課題として、「主幹教諭の役割等について校内の理解が進んでいない」「主幹教諭となる者の人材育成」「主幹教諭の授業時数が多く、期待される校務を処理できない」等が挙げられている。一方、「分掌間・学年間の調整など学校の総合的な調整が図られる」「学校の組織としての力が向上」「教職員間の業務調整の円滑化による、業務の質の改善や効率化」「生徒指導等の面で、主幹教諭が上司として担任教諭に指示や助言ができ、担任の孤独感の解消につ

ながる」「保護者・地域対応の面で，校長・教頭不在時にも判断できる」等の成果も書かれている。なかでも，「管理職と教職員のパイプ役になり，校内のコミュニケーションが改善」されたという。マネジメント機能の強化にかかせない要因である。教職員間のコミュニケーションが活性化されると，集団の「協働性」が築かれ，組織的な取組へとつながるのである。浜田（2012）の「ウェブ（クモの巣）型の学校組織」（図1）は参考になるであろう。中央の◎は校長を，その周りの斜線の◎はミドルリーダー層を示す。「コミュニケーションは『上から下へ』や『下から上へ』という管理職と一般教員の間に単方向にとられるのではなく，校長を中心として，様々な教職員どうしが双方向・多方向に授業や生徒指導等の教育活動について行っている」というものである。つまり，主幹教諭が組織に位置づけば，双方向・多方向のコミュニケーションがクモの巣のようにつながり広がりをみせ，校務調整，人材育成等がスムーズに行われることが期待されるのである。

　しかしながら学校教育法では主幹教諭は自治体による任意設置である。主幹教諭の未配置の学校等では，ミドルリーダー層の強化で対応してはどうか。露口(2011)が述べているように，組織においてより多くのメンバーがリーダーシップを行使できている状態，分散化されリーダーシップ実践が日常のあらゆる場

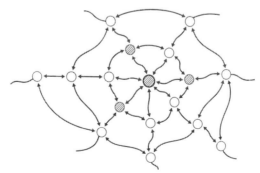

図1　ウェブ型の学校組織（浜田，2012）

所で発生しているような状態，いわゆるミドルリーダー層の分散型リーダーシップの発揮がチーム内の協働性の形成において重要な役割を果たすのである。

　一方，学校教育法の改正（2017年）により，事務職員の職務について，事務に「従事する」から「つかさどる」へと変更となった（学校教育法第37条第14項）。校務運営への参画を一層拡大させ，学校運営事務に関する専門性を生かしつつ，より広い視点に立って，学校運営について副校長・教頭とともに校長を補佐する役割を果たすことが期待される。

4　校長の役割

　学校のマネジメント機能を高める際に重要なのが，**3**で述べた校長の補佐体制の強化であり，もう一つは「チームとしての学校」実現の鍵を握っているともいえる校長によるリーダーシップの発揮である。「チームとしての学校」答申のように，校長には「多様な専門性を持った職員を有機的に結びつけ，共通の目標に向かって動かす能力や，学校内に協働の文化を作り出すことができる能力などの資質」「学校の教育活動の質を高めるためには，校長の教育的リーダーシップが重要であり，教育指導等の点で教職員の力を伸ばしていくことができるような資質」が求められるのである。また校長は，これまでの学校経営観を変革させ，学校内外の人材が有する専門性が発揮される組織づくり，仕組みづくりを進め，連携・分担・協働を円滑に進めるための方針や方策を明確に示し，教職員と取組の方向性の共有を図ることが必要である。

　働き方改革答申において，「多様かつ増大する課題に対処していくため，教師間で密な情報交換を行い，対話や議論がしやすい風通しの良い組織づくりを進めながら，校長や副校長・教頭に加え，主幹教諭，指導教諭，事務職員等のミドルリーダーがそれぞれのリーダーシップを発揮できるような組織運営を促進する必要がある。」と示されている。その土台となるのが「心理的安全」と考える。エドモンドソン（2014）は，「心理的安全」とは，「関連のある考えや感情について人々が気兼ねなく発言できる雰囲気」と述べている。協働体制を

充実させるためには，心理的安全な環境を育てることが必要である。またエドモンドソンは「心理的安全は，メンバーがおのずと仲良くなるような居心地のよい状況を意味するものではない」「チームには結束力がなければならないということでも意見が一致しなければならないということでもない」とし，「高い目標を設定し，協働と集団的学習によってその目標をめざして努力できるようにするもの」だという。結束性は調和を乱したくない等により異論を唱える積極性を弱める可能性になることを指摘し，リーダーには心理的安全な環境をつくるためのリーダーシップ行動が必要であると述べている。

さいごに

　学校を取り巻く課題は複雑化，多様化，困難化している。一向におさまる気配が感じられない。「チームとしての学校」は単なるスローガンや多職種連携というとらえにとどまらずに，教員が子どもへの教育指導という本来的業務に専念し，「教職員や専門スタッフ等の多職種で組織される学校がチームとして機能」するために，「校長がリーダーシップを発揮」して「学校のマネジメント機能を強化」させる学校組織運営体制の改革へと舵を切り，早急に整備する必要がある。学校内外の「チームとして」組織的に児童生徒の指導に携わることができる体制整備の実現がのぞまれる。

参考文献

中央教育審議会「教育基本法の改正を受けて緊急に必要とされる教育制度の改正について（答申）」2007

　https://www.mext.go.jp/b_menu/shingi/chukyo/chukyo0/toushin/07031215.htm

中央教育審議会「チームとしての学校の在り方と今後の改善方策について（答申）」2015

　https://www.mext.go.jp/b_menu/shingi/chukyo/chukyo0/toushin/1365657.htm

中央教育審議会「新しい時代の教育に向けた持続可能な学校指導・運営体制の構築のための学校における働き方改革に関する総合的な方策について（答申）」2019

　https://www.mext.go.jp/b_menu/shingi/chukyo/chukyo3/079/sonota/1412985.htm

中央教育審議会「『令和の日本型学校教育』の構築を目指して〜全ての子供たちの可能性を引き出す，個別最適な学びと，協働的な学びの実現〜（答申）」2021

https://www.mext.go.jp/b_menu/shingi/chukyo/chukyo3/079/sonota/1412985_00002.htm

エドモンドソン，C. E. 著，野津智子訳『チームが機能するとはどういうことか』英治出版，2014

浜田博文編著『学校を変える新しい力』小学館，2012

紅林伸幸「協働の同僚性としての《チーム》—学校臨床社会学から—」『教育学研究』74(2)，2007，174-188

前田洋一・猪尻マサヨ「学校をチームにするには何が必要か　学び続ける教員集団を形成するための実践的研究」『鳴門教育大学学校教育研究紀要』30，2016，19-28

文部科学省『生徒指導提要』2010

https://www.mext.go.jp/a_menu/shotou/seitoshidou/1404008.htm

初等中等教育分科会チーム学校作業部会，資料 6「チーム学校関連資料」2014，スライド 7

https://www.mext.go.jp/b_menu/shingi/chukyo/chukyo3/052/siryo/__icsFiles/afieldfile/2014/12/15/1354014_6.pdf

総務省行政評価局「学校における専門スタッフ等の活用に関する調査結果報告書」2020

露口健司「学校組織における授業改善のためのリーダーシップ実践—分散型リーダーシップ・アプローチ—」『愛媛大学教育学部紀要』58，2011，21-38

特集◎令和の教育課題──学制150年を踏まえて

●

教師が育ち，
教師を育てるために

●

赤石　衛○あかいし　まもる

1　教師の仕事は Black か？

　2022年教員採用試験の全国平均倍率が，2.5倍，過去最低であった。このような現状に対して，すぐれた人材確保のため，教員採用試験の前倒しなど，さまざまな取り組みが検討されている。教師志望者の減少に歯止めが効かない理由として，「教師の仕事は Black」というイメージが広がっていることが大きな要因であるとされる。それは，教師の仕事は過酷で負荷が大きいということであり，2018年の OECD 調査によれば，海外の教師は 1 週間あたりの勤務時間が約40時間であるのに対し，日本の教師は 60時間近くにのぼるということである。しかしながら，日本の教師は授業におけるデザイナー・アクター・エヴァリュエイターという役割だけでなく，学習者にとってのモデルやカウンセラーなど多くの役割を担い，そのことが人間教育，あるいは非認知的能力の育成に大きな役割を果たしてきたことは間違いない。日本の教師は，子ども一人ひとりの健全な成長・発達に全人的に関わってきたのであり，その結果として，

社会の変化とともに労働負荷が大きくなってきたと考えられる。すなわち，日本の教師は広範囲にわたる分野横断的な知識・技能を持ち，全人教育に携わる存在であり，教師の仕事がBlackであるということではない。本稿では，教師の専門性をどのように考え，その専門性をどのように培うことができるかについて考えてみたい。

2 教師の専門性を考える

（1）熟練教師の特徴……………………………………………………………

　教師教育において，特に，教員養成においては，経験教師（エキスパート）の特徴を明らかにし，その知識やスキルを教育実習生に教育訓練しようという教師教育が行われてきた。そのために，教育実習生や初任教師（ノービス）と経験教師あるいは熟練教師との比較研究によって，熟練教師の特徴を探ろうとしてきたのである。熟練教師の特徴として，まず教授スキルに着目された。板書，発問，説明・指示などの教授スキルはマイクロ・ティーチング（模擬授業）によって訓練可能とされたが，熟練教師が持つ教授スキルを明らかにし，それを養成段階で教育するということであった。例えば，授業のカテゴリー分析研究においても，教育実習生と経験教師の比較が行われている（加藤，1977）。次に，性格特性が問題とされた。この背景には熟練教師には生まれつきの才能・能力があるのではないかという考えがあるが，両者に違いは見出されなかった。

　そして認知科学の発展と相まって，教師の意思決定，特に授業場面における即時的意思決定あるいは相互作用的意思決定が問題とされた。授業において教師は，20回から25回の意思決定を行い，その中で授業がうまくいくかどうかを左右する重要な意思決定は2回ほどであった。しかしながら，養成段階で意思決定能力を育成することは難しく，意思決定に影響する教師の知識，あるいは教師の信念（ビリーフ）が問題とされるようになった。教師の知識に関しては，PCK（Pedagogical Content Knowledge）と言われる「教育内容をどのように教えるかに関する知識」が授業において重要であることが明らかにさ

れ，PCK が獲得される教師の思考過程として教師の推論過程モデルが示された。また，教師の信念としては授業観や指導観，あるいは子ども観，教材観と言われる「〜観」というよりはむしろ，授業を認知する枠組みが問題とされた。

　また，ピグマリオン効果研究で知られるテキサス大学グループを中心として，教室経営（Classroom Management）に関する能力やスキルが教師の専門性の重要な要素として主張された。学級あるいは授業は，①予測不可能性，②同時性，③自発性，④歴史性，という特徴を持った極めて複雑な状況であり，その複雑性を軽減する教室経営に長けた教師の学級の学力は高いということが示されている。教育実習前に教室経営の講義を受講した教育実習生は，受講していない教育実習生よりも授業実践に優れていたという研究報告もある。

　教師教育を概観してみると，教師の専門性に関する研究は，教授スキル，性格特性，意思決定力，教師の知識や信念，また教室経営能力と専門性を構成すると考えられる主な要因に着目をし，熟練教師と新任教師を比較してその特徴を明らかにしてきた。しかしながら，教師の資質能力の向上，あるいは養成段階終了時点での教師の質保障（teacher proof）ということにおいては必ずしも成功した教師教育が行われてきたとは言えなかった。

　一方，省察的実践家という概念が提案され，教師像の転換が求められた。教えることに熟達した教師がすぐれた教師（エキスパート）と考えられた「技術熟達者」モデルから，自らの実践から学ぶことができる「省察的実践家」モデルへの転換である。この転換は，これまでの教師の専門性に関する研究が授業技術の熟達を前提としていたことに対して，リフレクション（省察）を鍵とした教師の学習に着目するということを意味した。すなわち，教師の専門性は「教えることを学ぶ（learn how to teach）」こととなったのである。このことは，ステンハウスが提唱した「研究者としての教師（teacher as researcher）」とも通ずることである（Stenhouse, L., 1975）。一人ひとりの子どもに即した授業を行っていくためには，教師は自らの授業を研究する研究者となることが求められたのである。いわゆる学問知（理論）は授業実践とは乖離しており，授業を改善していくためには実践知をより豊かにしていくことの重要性を示したと

言える。理論と実践との乖離の問題が教師教育においても問題となったのである。

　これに関連してイギリスでは教師の資質能力として，キャパシティという概念が提案された。それは，キャパシティ（Capacity）＝f（専門性（Expertise）×学習機会（Opportunity）×意欲（Motivation））という式で表された。意欲は教師が自らの授業の改善や授業実践力の向上をしたいということである。学習機会とは，教師が学ぶ機会がどれほど用意されているかに関連する。教育センターなどが行う教員研修や校内研修，あるいは学校内でのインフォーマルな教師同士の学び合いの機会がどれほど活用できるようになっているのか，ということである。専門性とは，一つは授業実践力である。これは，教師教育において重要とされた教授スキルや教師の授業に関する知識あるいは教室経営に関する知識・技能である。あと一つが，研究の理解力である。学問知が記述された研究論文を読みこなす力である。すなわち，専門性とは理論と実践とを教師自身が統合できることとなる。

　このように，熟練教師と初任教師との比較をすることによって明らかにされてきた教師の専門性は，理論と実践が統合された「授業をつくり，授業ができる」ことに他ならない。ここに，教職大学院の設置といった教育システムの改革が教師教育において求められる理由の一つがある。

（2）行為と結びついた実践知………………………………………………

　理論と実践が結びついた教師の専門性に関して，2010年以降にノーティシング（Noticing）が注目されてきた。これまでの教師のノーティシング研究を踏まえて，シェイナー（Scheiner, 2021）は，次のように教師のノーティシングを定義している。

　「教室の出来事を枠づける文化的歴史的に構成された形式。教室世界を評価し探索する身体化された方法。教室状況の社会的物質的構造を能動的に形作りそれらと相互作用することを含む。」（筆者訳）

　教師は授業状況において，自らの経験を構造化するために教室での出来事の枠づけ（Framing）を行う。そのためには，教師は子どもたちと相互作用をし

ながら教室を見回し動き回る探索的な知覚活動（Perception）をとるが，教師自身の枠づけ（見方）にもその知覚活動は影響を受けている。さらに，教室で生じている出来事からこれからの出来事を予測し，教師自身の行為や子どもを中心とした教室世界との相互作用（Interaction）を導く。このように，教室での教師は，教師の認知，知覚，行動が互いに関連し合って，その状況に最も適切と考えられる行動を行っていると考えられ，教師の専門性としてノーティシングが重要とされたのである。「教えることを学ぶ」から「ノーティシングを学ぶ」への転換の主張である。

　ここで重要な点は，これまでのすぐれた教師は教室の情報処理に長けていることが前提とされたのに対して，情報を収集する能力に着目している点である。すなわち，情報処理モデル（Information-processing Model）から情報収集モデル（Information-gathering Model）への転換である。子どもの理解度や思考内容を知るために，かつて探り（probing）という教授スキルが熟練教師の特徴として明らかにされたが，探りという教授スキルの重要性が再び指摘されたと考えられる。もう１点は，教師の行為，つまり教室状況で「できる」ということを重視していることである。リフレクションができても，その結果，教室での教師の行動が変わらなければ，授業は改善に至らない。リフレクションを軽視するのではなく，教師の行為あるいはスキルまでを含めて教師の専門性を考えていかなければならないということである。

3　教師の専門性を培うために

（1）教師の学習の場……………………………………………………………………

　このような教師の専門性はどのように培うことができるだろうか。アージリス＆ショーン（Argyris & Schön, 1974）による「行為の理論」に基づいてこのことを考えてみたい。

　彼らは，実践の理論とは「実践が行われている状況に対して，適切な仮定（前提）のもと，意図された結果を生み出す行為を明確にする相互に結びついた行

為の理論の組み合わせからなる」（筆者訳）ものであるとし，「信奉する理論（espoused theory）」と「使っている理論（theory-in-use）」との区別を主張した。信奉する理論とは，学問知とは限らないが，教師にとって当たり前，疑うことのない行動を導く理論である。使っている理論とは，ある状況で行っている行動を導く理論であり，信奉する理論と使っている理論は矛盾することもある。授業場面で教師がとる行動は，その状況に対応した教師が使っている理論に基づいて行われ，そこでは教師の思考と行動とが統合されている。このことは教師のノーティシングにおいて認知と行為とを同時に問題とすることとも対応している。すなわち，教師の専門性を培うには，教師の思考と行為とを統合した学習の場が求められることになる。

　アージリスらは，実践やスキルを学ぶことは，理論を学んだり理論を適用したりすることを学ぶこととはまったく異なった種類の活動であるとし，理論の学習は学校のような場で適切に行われ，スキルの学習はもう1つの場（仕事場）で行われているだろうと述べている。教師が新しく使っている理論を学んでいくことは，その理論を暗誦できるようになることではなく，実践の中で行為ができてはじめてその理論を学んだことになる。このように考えるならば，教師にとっては日々の授業や学校での活動の場が，使用している理論を学ぶ大切な場となる。まさに「研究者としての教師」が自らの実践を研究し，それから学ぶことができる場，すなわち，教師自らが授業実践を行い，実践に関する暗黙知（実践知）を発達させ自らの実践においてその暗黙知を用いることができ，自らの感情とパフォーマンス（教育活動）を強化するサイクルが始まるような学習の場が，教師の専門性を培うには必要だということである。

（2）実践を言葉にすること……………………………………………………

　教師は，自らの児童生徒としての経験や教育実習，あるいは他の教師の授業参観などを通して学んでいる。その学習は，言葉を介して説明されるのではなく，多くは「まねる」ことによって行われる。したがって，一人ひとりの教師が言葉にはできない「使っている理論」によって効果的に授業実践を行えるならば，

「使っている理論」を明示化する利点はないことになる。それぞれの学校において，教師同士が互いの授業を見合う場を設けることで教師は専門性を培うことができるはずである。

　しかしながら，教師自身が効果的に授業実践を行えず，その理由がわからない場合や教師自身は授業が効果的でないことに気づいていないが，他の教師はそのことに気づいている場合，その教師の「使っている理論」を明示的に述べることによって意識的にその理論を批判することができるのである。それゆえ，それぞれの教師が「使っている理論」を言葉にすることが教師の学びを促進することになる。ただし，言葉にするとは，使っている理論が「if～then」の形式で表現されることから，「もしCということを達成したいならば，状況Sにおいて，Bという前提のもと，あなたはAを行う」といったことになるだろう。そうであるならば，例えば自転車に乗ることができるように言葉化されたプログラムあるいはマニュアルは，400ページにわたって記述されても不完全なプログラムでしかないと言われるように，教師が授業において「使っている理論」を言葉化することはたいへん難しいことであろう。

　さらに，授業での「使っている理論」が言葉化されたとしても，授業における教師の行動には滑らかな中断されないシークエンスが求められる。例えば，自転車に乗っている際に，ブレーキの効き具合といった細かいことに注意を向けてしまうと，自転車に乗るという活動の流れが中断され，バランスを崩したり倒れてしまったりしてしまう。すなわち，自転車に乗るという行為はあるまとまりとしての性質（ゲシュタルト性質）を持っているのであり，ブレーキの効き具合ということに注意を向けることによってそのまとまりを失い，自転車が倒れることになる。教師の行動も同様に，達成したいことに対してあるまとまりを持っていると考えられる。教師は，言葉化に加えて，そのまとまりとしての行動を学ぶことが求められる。それは，実践の場において具体的な状況の中で経験していかなければ学べないことであろう。

4　教師にとって生き生きとした学校へ

　このように考えるならば，教師が教師としての真の役割を果たしていくためには，学校という場が鍵になるだろう。教師が専門性を培うためには，自らの授業を研究することができるだけでなく，教師同士が互いに授業を観察し，批判し合うことによって学び合える場を保障することが求められる。同時に教師には自らの「使っている理論」を言葉化する能力が必要である。このことは，それぞれの学校が，「校内研修が十全に機能し，校内研修の内容と日々の授業実践とをつなぐことができる場」になることを求めている。さらに，授業に熟達していくには，熟達研究が示すように，実践がなかなかうまくいかないことが多く，かなりの時間を要する。したがって，たとえ教師が教育活動における失敗をしたとしても，教師には安心して授業実践に取り組める学校でもなければならない。

　一例として，知識創造プロセスのSECIモデル（野中・竹内，梅本訳，1996）に基づいて校内研修を考えてみる（図1）。校内研修における研究授業の観察は，共同化（Socialization）のフェーズである。授業をより良くしようと考える教師が，同じ授業を観察することによって授業者や他の同僚教師と体験を共有するフェーズである。次に，観察した授業に基づいて，それぞれの教師が自身の実践に関する知識を述べるフェーズ，表出化（Externalization）のフェーズである。このフェーズでは，自らの実践を言葉にすること（言葉化）が鍵になる。第3フェーズが連結化（Combination）である。ここでは，一人ひとりの教師から出された授業に関する知識が組み合わされ，授業を改善していくための新しい知識が創出される。事後検討会が個々の教師にとって意義ある検討会になるかは，このフェーズによる。かつて，ある先生が「今日の授業研究会はお土産があった」と言われたことがあったが，まさにその先生にとっては意義ある時間となったのであろう。そして，内面化（Internalization）が最後のフェーズになる。SECIモデルでは明示されていないが，この段階は新

しい知識を実践の中に具体化できるということまでも含まれているだろう。この段階において，教師は校内研修の内容と日々の実践を結びつけ，実践的授業力を高めていくことになると考えられる。

　このような授業実践に関する知識を教師同士によって生み出し，学んでいくことができる学校は，教師が生き生きする学校となるにちがいない。繰り返しになるが，そこでは授業における失敗が許される，さらに積極的に言えば，失敗が教師にとっての次の学習のスタートになることが認められる，安心して自分自身の授業を研究できる安全な場でもある学校である。

　しかしながら，教師の資質能力として示したキャパシティにあるように，教師自身の意欲，さらに言えば教師の使命感といったことが，個々の教師になければ生き生きした学校にはならない。授業に熟達していくといっても，教師は経験を重ねていけば様々な授業の状況に馴れてしまうことから熟達が止まってしまう「とらわれた熟達（arrested expertise）」に陥ることが多々ある。授業のマンネリ化である。中堅教師がそのようにならないためにも，教師の専門性を見つめ直し，専門性を培い，一人ひとりの子どもの潜在的な能力を最大限伸

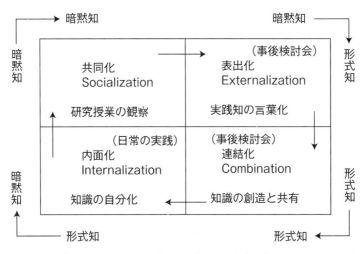

図1　知識創造プロセスとしての校内研修（野中・竹内，梅本訳，1996 より作成）

ばすことができるような教師となるという使命を再認識し，教師にとっても生き生きした学校へと作り上げていくことが，教師が育ち，教師を育てる教育環境を作るということになるのではないだろうか。

文献

Argyris,C., & Schön, D. A. *Theory in Practice: Increasing Professional Effectiveness.* John Wiley & Sons, Inc. 1974

加藤幸次『授業のパターン分析』明治図書出版，1977

野中郁次郎・竹内弘高著，梅本勝博訳『知識創造企業』東洋経済新報社，1996

Scheiner,T. Towards a more comprehensive model of teacher noticing. *ZDM-Mathematics Education,* 53(1), 2021, 85-94

Stenhouse, L. *An Introduction to curriculum research and Development.* Heineman, 1975

特集◎令和の教育課題──学制150年を踏まえて

●

教員養成教育との関わりで

●

八木　成和○やぎ　しげかず

1　教員採用の現状

　令和の最も大きな教育課題は，教員になりたい学生が減少していることではないだろうか。本誌でも別の著者により教員養成と待遇改善について述べられているが，教員養成教育自体についても検討し，学生自身が教職を目指すようになるような取り組みが必要とされている。

　文部科学省（2022）では2021年度に実施された都道府県・指定都市教育委員会及び大阪府豊能地区教職員人事協議会（計68，以下「地域」）の公立学校教員採用選考試験の実施状況について報告している。この調査は毎年実施され，経年変化が示されている。第一に，小学校，中学校，高等学校，特別支援学校，養護教諭，栄養教諭の全体の競争率（採用倍率）が，前年度の3.8倍から3.7倍に少し減少したこと，特に，2001年度とほぼ同率であり過去最低の倍率であったことを指摘している。全体の採用者総数は34,274人であり，前年度に比較して793人減少しているにもかかわらず，受験者総数も126,391人で，前年度に

比較して7,876人減少していた。

　しかしながら，学校種や地域の違いにより倍率は大きく異なっている。学校種では高等学校が前年度の6.6倍から5.4倍に減少し，中学校が前年度の4.4倍から4.7倍に増加し，小学校が前年度の2.6倍から過去最低の2.5倍に減少していた。小学校が他の学校種に比べて特に倍率が低くなっていると言える。また，特別支援学校は前年度の3.1倍から2.8倍に減少し，養護教諭が前年度の7.0倍から7.2倍に増加し，栄養教諭が前年度の8.0倍から9.0倍に増加していた。

　特に小学校の倍率が低く，文部科学省（2022）では，「臨時的任用教員や非常勤講師などを続けながら教員採用選考試験に再チャレンジしてきた層が正規採用されることにより，既卒の受験者が減ってきていることなど」をその原因として記している。しかしながら，新規学卒者の受験者が増加して，既卒の受験者が減少していても倍率が下がり続けているということは，新規学卒者の受験者数自体が減少していることが考えられる。全国の小学校の受験者における既卒者の受験者の割合を見ると，57.0％であった。2008年度の割合は，72.4％であり，14年間で15.4％下がっていた。したがって，近年になって急に既卒者の受験者数が減少した訳ではなく，徐々に既卒者の受験者は減少していた。これは新規学卒者の受験者を増やさない限り解決しない問題である。

　次に，地域の違いについて検討する。公立学校では，各都道府県の教育委員会以外に，指定都市の教育委員会等で実施している。幼稚園，中学校，高等学校では国立の学校及び，私立の学校法人等における採用も多いが，ここでは文部科学省（2022）をもとに公立学校の全体（小学校，中学校，高等学校，特別支援学校，養護教諭，栄養教諭の合計）と小学校の競争率についてのみ検討する。

　全体の競争率を見ると，競争率が5.0倍以上の地域は，三重県5.0倍，奈良県5.4倍，岡山県5.2倍，徳島県5.5倍，高知県8.8倍，沖縄県7.9倍，京都市5.4倍，堺市5.5倍，神戸市7.3倍，豊能地区5.0倍で6県と4地域であった。一方，競争率が2.9倍以下の地域は，秋田県2.7倍，山形県2.6倍，新潟県2.8倍，富山県2.0倍，岐阜県2.9倍，福岡県2.8倍，佐賀県2.5倍，長崎県2.4倍，大分県2.6倍，新潟

市2.8倍，福岡市2.4倍であり，9県と2地域であった。

　競争率1.0倍で全員合格となることから2.0倍の競争率では適切に選抜できているのかが問題となる。また，受験者は複数の地域を受験できることから重複して合格している場合も多く，合格しても1つの地域に就職し，他の地域の合格を辞退することになる。その結果，地域の中には，追加の合格者をさらに増やしたり，再度教員採用選考試験を実施したりすることもある。

　また，公立学校の場合，地域により小学校と中学校の試験区分を分けているかどうかで倍率が異なる。小学校と中学校の試験区分を分けている地域のみ見た場合，小学校では競争率2.0倍以下の地域は青森県2.0倍，宮城県2.0倍，秋田県1.3倍，山形県1.5倍，福島県1.6倍，千葉県2.0倍，新潟県1.9倍，富山県1.6倍，山梨県1.8倍，島根県1.8倍，広島県1.8倍，愛媛県2.0倍，福岡県1.3倍，佐賀県1.4倍，長崎県1.5倍，大分県1.4倍，宮崎県1.6倍，鹿児島県1.8倍，相模原市2.0倍，北九州市1.9倍，福岡市1.8倍，熊本市1.9倍であり，18県と4地域となり非常に多くなる。特に，東北地方と九州地方において小学校の競争率が非常に低い地域が多いことが確認できる。小学校の受験者数を増やすための対応が求められ，教員養成に関係する問題と言える。

2　教員養成課程に関わる近年の改革

　教員養成制度はこれまでにカリキュラムを中心に改革が実施されてきた。例えば，長尾（2013）で指摘されているように，2006年に出された中央教育審議会の答申（文部科学省，2006a）の影響は大きかったと思われる。本答申では，特に教職課程の充実，教職大学院の創設，教員免許更新制の導入が求められ，この3点が実現するように改革が進められた。本稿では，教職課程の充実と教員免許更新制の導入について述べる。

　教員養成教育では2007年の免許法改正により教育職員免許法施行規則に「教職実践演習」に関する条文が加わり，本科目が導入され教育職員免許状取得のための必修科目として位置づけられた。そして，条文には「教職実践演習

は，当該演習を履修する者の教科に関する科目及び教職に関する科目の履修状況を踏まえ，教員として必要な知識技能を修得したことを確認するものとする」と記され，「履修履歴を踏まえ」の具体的な方法として，履修カルテの作成とそれを活用した4年生後期の演習形式による「教職実践演習」の実施が義務付けられた。2013年度入学生から履修することとなり，履修カルテの作成において各大学とも混乱したが，文部科学省による履修カルテの例示に伴い対応することとなった。それまでは「総合演習」という科目が必修科目として存在していたが，その科目を削除して本科目が導入された。

　本科目の課程認定時にはシラバスの提出が求められ，「履修履歴の把握」と「学校現場の意見聴取」について記載する部分が新たに追加された。そして，1クラスの人数も40人とすることとされたが，その後は20人とされ，再課程認定時には全教職課程において1クラス20人で必ず実施することとなった。

　本科目の特徴は，新たなことを学ぶものではなく，それまでの学びの確認が目的とされている。本科目の趣旨・ねらいとして「教職実践演習（仮称）は，教職課程の他の授業科目の履修や教職課程外での様々な活動を通じて，学生が身に付けた資質能力が，教員として最小限必要な資質能力として有機的に統合され，形成されたかについて，課程認定大学が自らの養成する教員像や到達目標等に照らして最終的に確認するものであり，いわば全学年を通じた『学びの軌跡の集大成』として位置付けられるものである。」（文部科学省，2006b）と述べられていた。

　つまり本科目では「課程認定大学が自らの養成する教員像や到達目標等に照らして最終的に確認するもの」とされ，自らの養成する教員像や到達目標等が明確にされていることが前提となっており，その上であくまでも確認するための科目なのである。そのため，課程認定時には，4年生の前期までに実施される教育実習に参加するまでに教育職員免許状の取得に必要な単位をすべて習得することが求められ，4年生後期の最後に，「教職実践演習」で確認され，「教員として最小限必要な資質能力」を身につけているかが判断されることになる。

　このとき，履修カルテを活用するように求められている。文部科学省より本

科目の導入時の説明会前後に配信された資料では，ある大学の事例が含まれていた。その資料には，学生ごとに面談をして，例えば，子どもへの関わりに課題がある学生には学校インターンシップへの参加を勧めるような指導をしているという取り組みが掲載されていた。履修カルテの記録と活用は各課程認定大学に任されていたが，履修カルテの作成は義務付けられてきた。

　2007年6月の改正教育職員免許法の成立により，2009年4月1日から「教員免許更新制」が導入・開始され，2021年度まで実施された。

　本制度は，2009年度入学生から対象となるのではなく，既に教育職員免許状を授与されている「旧免許状」所持者も対象となった。一方で，2009年4月1日以降に卒業し，初めて教育職員免許状を取得した大学4年生及び短期大学2年生の学生は，「新免許状」所持者とされた。つまり，2009年度に短期大学を卒業した幼稚園教諭2種免許状の取得者から教育職員免許状に10年間の有効期限が記載されるようになった。

　「教員免許更新制」の導入に伴う更新講習の実施については，筆者も前任校で責任者の1人として近隣の教育委員会が主催する学校長を対象とした説明会に参加し説明をした経験を持つ。そして，在学生には「教員免許更新制」のシステムと10年間の有効期限について説明するためのガイダンスの資料づくり等を行った。重要なことは10年間の有効期限を過ぎても教育職員免許状自体が無効になるのではなく停止状態になり，再度所定の時間と内容の更新講習を受講し，修了することにより教育職員免許状の停止状態が終了するということであった。

　教職についていないとせっかく大学で取得した教育職員免許状が10年間で無効になるということであれば，開放制の教職課程の場合には教職科目の履修者数が激減することが考えられた。実際，最初の履修となる2010年度には，前任校では開放制の教職課程では最終的に予定していた人数よりも「教職実践演習」の履修者数は少なかった。

　その後も，2018年度に教職課程の再課程認定の審査が行われた。2018年3月〜4月末に申請，2019年2月頃に認定という，短期間の審査により2019年度

から開設される教職課程についての再課程認定が実施された。この再課程認定の特徴は文部科学省から提示された教職科目のコアカリキュラムの中に到達目標が示され，「教職課程コアカリキュラム対応表」に基づくシラバスの作成が求められた。また，外国語（英語）に関しては「外国語（英語）カリキュラム対応表」が示され，教科に関する科目についても再課程認定が実施された。ただし，教職科目については大くくり化も進められ，教職課程大学における科目編成の自由度も認められた。

　これ以外にも従来の学校インターンシップが「学校体験活動」として教職科目の一部として単位化可能とされたり，「総合的な学習の時間の指導法（2単位以上）」「特別の支援を必要とする幼児，児童及び生徒に対する理解（1単位以上）」の必修科目への追加と小学校教諭教育職員免許状では小学校「外国語」と小学校「外国語の指導法」の2科目が必修科目として追加となり，幼稚園教諭教育職員免許状では2023年度以降に5つの領域について「領域に関する専門的事項」の科目を追加したりすることとなった。

　以上のような改革とともに，近年では教員採用選考試験の受験者の減少と競争倍率の低下，特に，小学校教諭の希望者の減少が問題とされているのは前述したとおりである。大学間でも教員を目指す学生の減少については問題視されてきた。例えば，阪神地区の教職課程を持つ78の私立大学や短期大学が加盟している阪神地区私立大学教職課程研究連絡協議会では，2019年度の第2回課題研究会において教員の働き方改革について報告がなされた（阪神地区私立大学教職課程研究連絡協議会，2020）。

　以下に教員養成教育の現状と今後の課題について述べる。

3　大学における教員養成教育の現在

　教員養成を目的とする大学や学部，いわゆる教員養成系大学や教育学部では開放制の教員養成課程とはカリキュラムの部分で大きく異なる。教員養成を目的とする大学や学部では，教育職員免許状の取得が卒業するための条件となる

ことはないが，教職科目の一部が卒業必修科目となり，教職科目が専門科目の一部となる。そして，基本的に幼稚園と小学校の教育職員免許状を取得することになる。一方，開放制の教員養成課程では，教職科目が卒業するために必要な単位に算入されることはない。その学部の学位取得のための専門科目が卒業するために必要な科目となるのである。

　したがって，一般的に教員養成を目的とする大学や学部では，1年生時の最初にいわゆる教育職員免許法施行規則第66条の6に定める科目を履修し単位を修得することになる。具体的には「日本国憲法」（2単位），「体育実技1・2」（各1単位），「英語会話1・2」（各1単位），「情報演習1・2」（各1単位）の計8単位である。本学では，「日本国憲法」「スポーツ実技1」「英語1」「情報処理1」という科目名になっており，いわゆる教養科目の一部として明示されている。そして，並行して専門科目や教職科目を履修することになる。

　加えて，学校や幼稚園の現場における体験が重視されている。1年生時に見学実習や観察実習という形で1日か半日，学校園現場で過ごすことが多い。そして，2年生時に学校インターンシップとして週1日を半年間か1年間あるいは2週間程度まとめて学校園現場と関わることになる。大学によっては教職科目の一部として単位化している場合もある。以上のように学校園現場に通学園し，学校園現場の現状を体験することになる。また，小学校と中学校の教育職員免許状を取得する場合には，介護等体験として福祉施設に5日間，特別支援学校に2日間，体験実習に参加することになる。

　最後に，3年生の後期に基礎となる教育職員免許状の教育実習に参加することになる。また，副免許状や特別支援学校の免許状を取得する場合には，4年生時にも教育実習に参加することになる。各学校園現場での実習後には，「教育実習指導」という科目で事後指導として振り返りのための報告会が実施されることが多い。

　開放制の教職課程の大学の場合は，これが1年間ずれる形となり，1年生時の見学実習や観察実習はなく，2年生時の学校インターンシップも経験するこ

となく，3年生時に中学校の教育職員免許状を取得する場合には介護等体験に参加することになる。

　一方で，2年生時から多くの教職科目を履修するようになることになり，3年生の後期までに教育職員免許状の取得に必要な科目の単位を取得した上で4年生の前期に教育実習に行くことになる。

　ところで，教員採用選考試験は，2022年度までは3年生時の3月末までには実施要項が各地域から発表され，4月から5月にかけて願書の提出となる。その後，6月中旬過ぎぐらいから一次試験が始まり，夏休み中に順次合否の発表がなされる。大阪府の場合は筆記の一次試験の後で，その合格者を対象に二次試験の面接がある。そして，8月中旬に発表される合格者に対して三次試験まで課されることになる。通常は，6月中旬から7月末にかけての一次試験に続いて，8月中旬以降に発表される合格者を対象に二次試験が実施されることが多い。

　しかしながら，各地域は小学校のように倍率が低い学校種では，各大学の優秀な学生を確保したいために「大学推薦」の制度をとっていることもある。例えば，大阪府の「大学推薦」の場合には，大学から推薦された学生の成績等を検討した上で合否判定がなされ，合格した場合には，一次試験と二次試験が免除される。これ以外にも，東京都では一定以上の成績であれば大学から推薦できる学生数は無制限に受け付け，推薦の合否判定後に一次試験の教職科目の筆記のみを免除している。

　最近は少なくなったが，各自治体が主催するいわゆる教師塾に参加することで一次試験が免除になることもある。

　加えて，各自治体において加点制度があることも多い。例えば，大阪市では，大阪市の指定する学校ボランティア活動に一定期間以上参加している場合に一次試験における加点がある。

　以上のように年度によって異なるが，各自治体では特に倍率が低い学校種において大学推薦やいわゆる教師塾への参加，加点制度を用いることによって大学からの新規学卒者の教員採用を積極的に行っているといえる。

4 大学における教員養成教育の今後の課題

　3で見てきたとおり，現在の大学における教員養成教育では，教員養成を目的とする教員養成大学や学部と開放制の教職課程では教員養成教育のプロセスがかなり異なっていることが指摘できる。特に，学校園での体験の時間数が大きく異なっているといえる。

　一方で，教職科目はコアカリキュラムとして，再課程認定後には，シラバス自体がある程度同質のものとなった。科目により含めるべき内容が大学によって異なっているかもしれないが学修すべき内容は均質である。開放制の教職課程の場合には，中学校，高等学校の教育職員免許状の取得が一般的であるため，専門科目の履修が優先される場合が多い。大規模な大学の場合，各学部において専門科目の教育を行い，各学部の教育職員免許状の取得希望者を対象に教職科目を教職科目担当の教員が教育することになる。したがって，教育職員免許状の取得希望は共通するが，専門性は異なる学生にコアカリキュラムの内容の教育をすることになる。

　以上をふまえて今後の課題を示したい。第一に，教員養成教育には2つのプロセスがあり，教員養成教育の特に学校園の現場での経験の時間数の違いが大きいことが指摘できる。

　第二に，前述の教員用養成教育の2つのプロセスにも関係するが，教職指導の充実度の差である。教職指導を行い，教員を目指す学生が教員採用選考試験を受験し，合格した上で正規に採用されることを目標とするのは同じであるが，先述のように教員採用選考試験は各地域にもよるが，4月ごろから願書を提出することになる。しかしながら，開放制の大学の場合には教育実習への参加は4年生の6月ごろか9月以降になる場合が多く，学校現場での経験なしに教員採用選考試験を受験することになる。一方で，教員養成を目的とする大学や学部の学生は学校園の現場での経験を踏まえて自ら進路選択をした上で教員採用選考試験に臨むことになる。教職への進路選択を行う上で学校園現場での教育

実習の経験は大きな影響を与えることが指摘されている（例えば児玉，2012）。

　第三に，教員採用選考試験の内容である。一般企業の場合は，SPIに対応できる学習と業界研究や企業研究をした上で面接の練習が中心となる。また，公務員の場合は，一般教養試験に対応できる学習と各自治体が課す面接等の練習が中心となる。

　これに対して教員採用選考試験は，多くの場合，筆記試験として一般教養，教職教養，専門教養の3種類を課すことが多く，地域や学校種によっては論作文を課される場合もある。面接試験は，一次試験，二次試験共にあることが多く，集団面接，個人面接，集団討論等の練習が必要となる。加えて，学校種により異なるが，専門となる学校種の模擬授業や場面指導，専門となる学校種の実技試験等が課されることが多い。

　以上のように教員採用選考試験の場合，何かを特にがんばっているだけでは合格することが難しく，それ以外のこともそれなりにできることが求められる。このような曖昧な基準を示しているのは，教員採用選考試験も就職試験であり，採用予定者数が事前に決まっており，受験者の数と質が選抜に大きく影響するからである。つまり，教職に就くためには教職科目のすべての単位を取得し，教育実習に参加するだけではなかなか難しいのである。

　教員養成を目的とする教員養成大学や学部では，学生の入学時の学力の問題もあるが，一般教養の筆記試験に対応できる学力の確認とその再教育，教職教養や専門教養の筆記試験や論作文に対応できる学習指導がまず必要となり，早期から実施している大学も多い。また，キャリア支援の一環として，3年生前期の終わりには，受験する地域や学校種など具体的な教職への進路を明確にさせた上で，面接の指導に加えて各学校種の模擬授業，場面指導の練習を行うことが多い。そして，4年生の前期には，受験する自治体と学校種が決まり，その地域が求める教員像や推進する教育について研究することになる。つまり，教員採用選考試験に向けた準備をかなり早くからすることとなる。開放制の教職課程の学生とは準備をする時間と内容において大きく異なっているといえる。

　近年はどの大学もいわゆる教職センターを設置し，実務家教員が教職科目を

担当し，教職志望の学生の指導をすることが多くなっている。特に，教員養成を目的とする学部の学生に対しては，必然的に早期からきめ細やかな指導ができることになる。教職に就く上ではこのキャリア支援の差は大きいと思われる。

5 まとめ

令和の時代となり少子化が進展しているが，学校園が必要とする教員の数は急激に減少するように思われない。特に，情報機器やAIが発展する中で，対面のコミュニケーションに基づく教育は今後もますます重要性を増すと思われる。教員の働き方改革が進められるなか逆説的ではあるが，働き方改革が進まない仕事であるからこそ教職はAIが進歩しても今後もなくならない仕事ともいえるのではないだろうか。

教員の仕事は大変面白い側面を持っている。通常，銀行に就職したい人は，ある銀行の就職試験を受けて不採用になった場合，別の銀行の就職試験を受けて採用される必要がある。採用には，面接時の人事担当者や重役の一緒に働きたいという気持ちが重要となる。

一方，教員の場合，例えば大阪府の教員採用選考試験に不合格になっても講師という形により大阪府の教員として勤務しながら，次年度の教員採用選考試験を受験することができる。加えて，講師の経験は，次年度の面接試験，模擬授業や場面指導等の試験，実技試験で生かせる。また，以前は教員採用選考試験に不合格になった場合には受験勉強に集中する人も多かったが，近年は働きながら目指す人もいる。一般企業での勤務経験は教員採用試験時に評価されることが多くなり，様々な経験が重視されるようになったといえる。つまり，教職は様々な経験を役立てないとできない仕事であり，各自の生きてきた道筋がそのまま教員としての職歴に強く関係している。このことを踏まえた教員養成教育が今後必要になると思われる。2022年度から義務教育特例が開始され，小学校の教育職員免許状を取得しやすくなるが，抜本的な対応策となるかは今後の検討が必要であろう。

参考文献

阪神地区私立大学教職課程研究連絡協議会「第 2 回課題研究会報告」『阪神教協リポート』43号，
　2020，41-67

児玉真樹子「教職志望変化に及ぼす教育実習の影響過程における『職業的（進路）発達にかかわる諸
　能力』の働き」『教育心理学研究』60(3)，2012，261-271

文部科学省「今後の教員養成・免許制度の在り方について（答申）」（中央教育審議会答申）2006a

　https://www.mext.go.jp/b_menu/shingi/chukyo/chukyo0/toushin/1212707.htm（2022年12月 2 日閲
　覧）

文部科学省「別添 1　教職実践演習（仮称）について」2006b

　https://www.mext.go.jp/b_menu/shingi/chukyo/chukyo0/toushin/1212707.htm（2022年12月2日閲
　覧）

文部科学省「令和 4 年度（令和 3 年度実施）公立学校教員採用選考試験の実施状況について」2022

　https://www.mext.go.jp/a_menu/shotou/senkou/1416039_00006.html（2022年12月2日閲覧）

長尾彰夫「教師教育改革のポリティクス分析 – 教員養成大学の在り方を通して—」『教育学研究』80
　(4)，2013，427-438

特集◎令和の教育課題――学制150年を踏まえて

●

大学教育で自己統制の力を育てる
教育心理学から人間教育へ

●

高木 悠哉○たかき　ゆうや

近年における大学教育改革の一連の流れの中で，アクティブ・ラーニングを中心とした学生の能動的な学習を目指す大学講義の転換への必要性が示され，今日の大学教員の講義スタイルとして必須と言えるものとなっている。そのような講義スタイルによる実践やその実証的な効果検証は数多くなされてきており，研究知見からは，能動的学習を目指す講義形式が大学生の非認知的能力の向上に寄与することが示されつつある。また，教育心理学における一連の相関的研究からは，大学生の非認知的能力の一つであるセルフコントロールが相対的に高いほど，大学生の学業や社会的適応，精神的な健康が高まることが示されている。その一方で，近年の大学生の実態調査の結果では，大学生の学習時間は増加せず，非認知的能力の向上の実感も無いという，データも示されている（溝上，2018）。

能動的学習は大学で進められているものの非認知的能力の向上に結び付かないのはどうしてか。本稿では，人間教育学における自己統制力および，教育心理学におけるセルフ・コントロールの相関的研究知見の概観から，大学教育における人間教育に基づく自己統制力の育成について考察する。

1 自己統制力と大学教育

1.1 人間教育学における自己統制力……………………………………………

　人間教育学とは，「人間教育」について，その理念や実践に関し，また基本的な条件整備等に関し，多面的に研究し，知見を積み重ねていく営みとして梶田叡一により定義されている。「人間教育」という概念は，1989年に梶田叡一を中心として発足した人間教育研究協議会に端を発し，新学習指導要領にもその理念が反映されており，今なお初等・中等教育のみならず，就学前教育にも影響を及ぼしている概念であると考えられる。

　梶田（2016）は，「人間教育」を教育目標と教育の具体的あり方の2つの側面に分け，教育目標を「個々人のはらむ豊かで建設的な潜在的可能性の全面開花＝自己実現」としている。ここでいう自己実現とは，梶田（2016）からは「我の世界（その人の独自固有な世界）」を土台として，「我々の世界（世の中）」において活躍できる知識や技能，思考力や判断力，意欲や関心を使いこなしていくということと読み取れる。人間教育の理念において，特に重要視されているのは，梶田理論の「我の世界」の確立であると考えられる。

　梶田（2022）は，放任主義的な現代の教育を厳しく批判した上で，本当の主体性を身につけるためには「自分を時に振り返り，対象化してみること，それによって自分自身を監督し，統制し，方向づけるといった自己対応の力と習慣をつけること」という自己統制力が人間性の涵養に必須であると述べている。梶田はその背景に，フロイト理論を踏まえた，「欲動世界」「現実適応的な主我機能」「価値追求的な主我機能」「無我的大我的な主我機能」の4つからなる自己統制メカニズムを想定している。梶田によれば，我々の「欲動世界」とは個人の本質的な欲求であり，そのエネルギーを適切な形に柔軟に自己統制して社会協調的に充足させるために働くのが「現実適応的な主我機能」である。その一方で，現実への適応を超えて自分自身の価値観のために言動や在り方を統制するのが「価値追求的な主我機能」である。「現実適応的な主我機能」は

我々の世界をより良く生きるために，「価値追求的な主我機能」は自身の在り方，我の世界を構築するために働き，それぞれを磨くために自己統制力が必要となる。

それらに対して，現実適応や価値実現を超越した世界へ自分自身を向かわせる精神的姿勢（梶田，2020）が「無我的大我的な主我機能」である。梶田（2022）は，「無我的大我的な主我機能」を「自らを主とすることを避け，自らの主となることも避け，大きな呼び声の命ずるところに応えて，その時その場でのやるべきことにただひたすら取り組む」ことにつながる主我機能としている。梶田が具体的なトレーニング方法として禅や瞑想を想定しているように，この機能は自らが磨いている自己統制力から一旦距離を置くことと考えられる。

梶田（2022）は，このような自己統制力を「慎み」と表現し，その力を発動させるために「現実検証力」と「価値志向力」を規定している。つまり，人間教育学における自己統制力は，自分の人生を通してのダイナミックな営みであることが窺える。他者との関わりを通して，また自分自身が価値をおく考え（それは時として自分自身を超越した普遍的な価値観から醸成される）は，確立された軸のようなもの，固定的なものではなく，自身が生活する中で様々な出会いや取り組み，ライフイベントによって常に更新されていくものと言える。

1.2　教育心理学におけるセルフコントロールと人間教育……………………

人間教育の考える個人の自己統制力は，大学教育のみで完結するものでは決してない。人生を通じて磨いていく「一生の課題」であることに疑いはない。新学習指導要領が示す「人間性の涵養」といった記述を踏まえても初等・中等教育では，人間教育学的な自己統制力の向上を目指す教育のあり方について理解が深まっているといえよう。

では，大学教育ではどうか。人間教育学の考える自己統制力の育成は大学教育でも重要であるが，大学生を対象とした研究では，セルフコントロールと学業との関連が教育心理学の知見として示されているものの，人間教育が考える自己統制力と比較すると微視的であり，社会でうまくやるための能力として捉

えられていることが窺える。

　セルフコントロールとは複数の同時に満たすことができない動機づけの葛藤を解決するプロセスであり，優勢反応につながる即時的な欲望・動機づけを抑制し，長期的な目標の達成につながる行動を主体的に選択すること（後藤，2020）と定義される。教育心理学では主として欧米の質問紙を邦訳し，学業場面のアウトカムとの相関的な研究から知見が蓄積されている。たとえば，尾崎・後藤・小林・杳澤（2016）は，Tangney, Baumeister, & Boone（2004）の質問紙を邦訳し，大学生のセルフコントロール能力が高いほど自主学習時間が高いことを示した。また，より長期的なセルフコントロールとしてはやり抜く力（grit）が挙げられる。これは，長期的な目標に向かい，興味を失わず努力を続けることができる力と考えられている（Duckworth, Peterson, Matthews, & Kelly, 2007）。やり抜く力の質問紙は竹橋・樋口・尾崎・渡辺・豊沢（2019）により邦訳され，やり抜く力が高いほど大学の成績が高く，教員採用試験により合格しやすいことが示された。

　セルフコントロールの質問紙に関しては，人間教育の自己統制力の一つである価値志向的な観点が少なく，やり抜く力の質問紙に関しては価値志向的な観点が認められるもののその概念は固定的であり（たとえば，始めたことは，どんなことでも最後までやり遂げる），ある種とにかく目標に向かって進めば良いといった質問項目となっている。また，セルフコントロールの個人差と相関を見るための尺度は人生をうまくやる能力であり，自らの納得や実感に関わる要因との関連は認められないことは問題点として残されている。

　また，上述したような教育心理学におけるセルフコントロールの研究は数多くあり，その能力の高さが学業場面で良い結果をもたらすことは明らかとなっている。ただ，それらの能力を個人がどうやって伸ばしていくのかについては未だ研究の途上である。総じて，セルフコントロールを測定する教育心理学的な知見からは，大学生の自己統制力をどう育むのかについて系統立った考察を得ることは現時点では難しいと考えられる。

　自己統制力を育む可能性としては，大学教育（講義）での教授法として隆盛

のアクティブ・ラーニングが挙げられる。アクティブ・ラーニングとは「一方向的な知識伝達型講義を聴くという（受動的）学習を乗り越える意味での，あらゆる能動的な学習のこと。能動的な学習には，書く・話す・発表するなどの活動への関与と，そこで生じる認知プロセスの外化を伴う。」（溝上，2015）と定義される。溝上（2017）は，主体的な学習を⑴課題依存型の主体的学習（興味・関心を持って課題に取り組む），⑵自己調整型の主体的学習（学習目標や学習方略，メタ認知を用いるなどして，自身を方向づけたり調整したりして課題に取り組む），⑶人生型の主体的学習の３段階に分類し，梶田（2016）を踏まえて，主体的な学習の深まりは即自的なものから対自的に⑶に向けて深まっていくとした。溝上（2017）は，「人生型の主体的学習」を中長期的な人生の目標達成，アイデンティティ形成，ウェルビーイングを目指して課題に取り組むこととし，アクティブ・ラーニング型授業作りにおいては「人生型の主体的学習」までは求めず，それはキャリア教育やカリキュラム・マネジメントに求めるものと言及している。

　アクティブ・ラーニングとセルフコントロールとの繋がりについて直接的に検討した研究は現在まで認められないが，セルフコントロールは自己調整の下位概念として考えられる（後藤，2020）ため，アクティブ・ラーニングにより自己調整学習が深まるにつれて，セルフコントロール能力の向上が認められる可能性は高いだろう。また，より中長期的な目標に向かって主体的に学習するという場合には，やり抜く力が高められる可能性がある。現状，大学生のセルフコントロールの向上に有力な大学教育を考える上ではアクティブ・ラーニング型講義が唯一の方法であろう。それを基本としながら，溝上（2017）の述べるところの「人生型の主体的学習」には，自分のこれまで生きてきた「在り方」について振り返って考え，またそれを更新していくというテーマが必要となる。もちろん，キャリア教育がその一端を担うことになるであろうが，大学全体として共通の意識を持って，大学生の自己統制力にアプローチできるテーマはないだろうか。そのようなテーマの一つとして，道徳心や礼節を高める取り組みが可能か，次節で考察する。

2　大学で礼節による自己統制力の向上は可能か

　梶田（2022）は，自己統制力を高めるための出発点として，挨拶やケジメの励行をはじめとする毎日の日常生活の丁寧な過ごし方を挙げている。このような行動は，道徳心や礼節に繋がるもので，日本人が古来から大切にしてきた観念であるが，現代の日本社会では失われつつある考え方であるとも言える。しかし近年，これら日本的な観念が社会生活で重要であることが，欧米の実証的データで示されているように思える。大学の講義場面でも講義受講の際のマナーや，他者との丁寧な関わり方について，初年次教育やキャリア教育を中心として学習する機会はある。しかし，講義場面では，礼節を守るやり方については講義のルールなどとして十分に説明しながらも，その取り扱い方についてある種の放任が存在する。「大学生は大人なのだから」といった視点で，道徳的な行動はできて当然という風潮はないだろうか。

　そのような考え方は十分に理解できる一方で，大人であれば自己統制力を醸成するための道徳的な行動を考える取り組みが必要ないということではない。むしろ年齢を重ねるにつれて，欲動の世界が暴走し，社会や周りの人々に迷惑をかけてしまう事例が増えていくようにも感じる。たとえば自身の地位を拠り所にし，現実適応的な主我機能を低下させ，感情を爆発させるような事件が散見される。このような大人は価値追求的な主我機能の自己統制について磨くことを怠っているだろう。

　相良・相良（2022）は，大学生の道徳的態度について質問紙を作成している。教育実習の評価との関係を検討した質問紙の下位尺度は「自己の追求」「集団・社会への貢献」「ルール・マナーの遵守」「他者の尊重」「畏敬の念」の５つであり，その尺度の構成は人間教育の自己統制力と関連するものである。結果として，道徳的態度と教育実習評価には関連性は認められなかったものの，これらの意識について学生に教育を行った結果ではないため，道徳的態度の教育が実際に学業に対する取り組みや成績等を向上させるかについては，学生の

「やり方」と「在り方」の両面から十分に検討する余地がある。しかし，大学で道徳的態度を醸成するといった場合，それは単にうまく社会でやっていくための能力として学生に認知される可能性がある。したがって，単純な道徳的態度に対して，その意味を考えながら，実践し，振り返った上で取り入れる，といったPDCAが必要となる。

　たとえば，講義の開始・終了時に挨拶をする，大学で人に会ったら挨拶をする，といったルールを設けたとしよう。その意味をじっくりと考えながら実践する場が大学教育にあっても良いのではないか。教育の中で，単に挨拶をするという段階から，それが他者にとってどのように受け止められるのかといった理解の段階，自分の中で挨拶の重要性について考え自分の心の奥底から納得して挨拶をしたいと考える段階という変容について，考える機会が得られることになる。

　初等・中等教育において「キャリア教育・道徳」をテーマにした論文は散見されるが，大学生を対象とすると非常に少なくなる。つまり，それは大学教育の行うべきことでは無いと考えられているのかもしれない。しかし，これは学生が変容を実感し納得できやすいテーマであることも事実である。しかも，経験的に大学生の道徳意識は十分では無いと感じる。また，大学の講義で学力が伸びたか，講義内外の学習時間が延びたか，社会で活かせる非認知的能力が伸びたか，といった点はリフレクションや質問紙で測定は可能であるが，学生にとっては実感が湧きにくいものでもある。しかし道徳的な行動は誰しもが実践可能で，集団内でフィードバックも得やすく，自身でも現実検証力で確認できる。すなわち，我々の世界で時と場所を考えて行動することができるか，振り返れるのである。その一方で，道徳的な態度は自己の価値志向力と絡めて考えることも可能であろう。すなわち，他者への尊敬や愛，自分にとってこの行動が正しいのかという，人生における在り方に触れる感覚である。このような取り組みを通して，正に自分が変わった，変わってよかったという感覚を得ていくことで，人生の意味や自分の価値を考えるといった難しい課題に自己統制力を発揮することにも挑戦できるだろう。

　このような取り組みを大学教育で実践した研究は筆者の知る限り認められていないが，その傍証となる知見は示されている。たとえば，植田・藤本（2015）は，大学のキャリア教育において，マナー・モラル・ルールの講義が大学生の規範遵守や共感性，主体性の意識（どの程度重視しているか）および態度（どの程度できるか）に及ぼす影響を検討した。結果として，意識には違いが見られず，態度は講義後半で向上する可能性が示された。この結果からは，道徳的行動がまず変容し，その後意識的な変容に向かうことが示唆される。道徳的行動は経験的には大学教育で繰り返し学生に注意喚起されるものである。それはたとえば，教育実習へ赴く際の心得として，就職活動で求められる礼儀作法として，インターンシップやボランティア活動参加の注意点として，協働学習の際の前提として示される。そのような規範的行動を端緒として，その実践，振り返りから他者や集団や社会との関わりを考え，さらに自身にとって本当に大切な自分の在り方をじっくりと考える機会が，注意喚起以上に大学教育にも求められるのではないだろうか。

3　自己の変容の前提となる「知的謙虚さ」

　人間教育の自己統制力は，自分が本当に大切にする価値と，社会に適応する上で必要な力について，常に考え，実践し，検証し，「自分の基準に取り入れる」ことで更新されていくものと考えられる。その前提となるのは，「自分は変われるかどうか」という感覚ではないかと推察する。前述したような大学教育で道徳心を育む取り組みは，凝り固まった自分の考え方を「変えることができる」という前提条件のもとに成立する。教育心理学的な領域では，近年，自分を変えることができるかどうかという認知的な構え（マインドセット）が重要であることが示されている（ドゥエック著，今西訳，2016）。類似した概念として，暗黙の知能観が挙げられる。暗黙の知能観とは知能に関して個人の持つ信念のことであり，知能を柔軟で変化するものと捉える増大的知能観と，知能を安定で不変のものと捉える実体的知能観に区分される。増大的知能観を

高く持つ大学生は、高校時代の学習動機づけの強さにかかわらず、現在の学習において自らの興味や関心によって学習しようとする傾向にあることが示されている（浦・山縣・寺田，2016）。また，自分の得た知識は永遠ではなく，間違っているかもしれないという知的謙虚さ（Intellectual Humility）といった感覚が高いものほど好奇心が強く，新しいことを受け入れる力があることが示されている（Leary, Diebels, Davisson, Jongman-Sereno, Isherwood, Raimi, Deffler, & Hoyle, 2017）。

　どのような素晴らしい出会いや講義に際しても，このような自分の在り方を更新できるという信念がなければ，そこから得られる学びは表面的なものに留まってしまう。自己の変容を為すということは，そこに心理的な痛み，苦しみが存在するはずである。例えば挨拶といった，一見非常に当たり前である行動にも，そこから自分の在り方を問おうとする場合には心理的負担は大きくなる。これらのケアは教員の寄り添いになるのか，マインドフルネスのような無我的大我的な主我機能の働きになるのか現時点では明確ではないが，大学教員がケアの必要性を考慮に入れていく必要があるだろう。

参考文献

Duckworth, A., Peterson, C., Matthews, M. D., & Kelly, D. Grit: Perseverance and passion for long-termgoals. *Journal of Personality and Social Psychology*, 92, 2007, 1087–1101

ドゥエック, C. S.著，今西康子訳『マインドセット──「やればできる！」の研究』草思社，2016

後藤崇志「『セルフコントロールが得意』とはどういうことなのか──『葛藤解決が得意』と『目標達成が得意』に分けた概念整理」『心理学評論』63(2)，2020，129-144

梶田叡一「『人間教育』とは何か──人間教育学の建設のために」『人間教育学研究』1，2016，1-6

梶田叡一「育成すべき人間力とは何か──『未来社会への対応力』だけでなく」梶田叡一責任編集，日本人間教育学会編『教育フォーラム』65，2020，pp.6-14

梶田叡一『人間教育の道──40の提言』金子書房，2022

Leary, M. R., Diebels, K. J., Davisson, E. K., Jongman-Sereno, K. P., Isherwood, J. C., Raimi, K. T., Deffler., S.A. & Hoyle, R. H. Cognitive and interpersonal features of intellectual humility. *Personality and Social Psychology Bulletin*, 43(6)，2017，793-813

溝上慎一「第1章 【アクティブラーニングの現在】アクティブラーニング論から見たディープ・アクティブラーニング」松下佳代・京都大学高等教育研究開発推進センター編著『ディープ・アクティブラーニング——大学授業を深化させるために』勁草書房，2015，pp.31-51

溝上慎一「主体的な学習とは——そもそも論から「主体的・対話的で深い学び」まで——」
http://smizok.net/education/subpages/a00019(agentic).html，2017（2022年12月2日閲覧）

溝上慎一『大学生白書2018——いまの大学教育では学生を変えられない』東信堂，2018

尾崎由佳・後藤崇志・小林麻衣・沓澤岳「セルフコントロール尺度短縮版の邦訳および信頼性・妥当性の検討」『心理学研究』87(2)，2016，144-154．

相良麻里・相良陽一郎「教育実習に関する効果的な事前・事後教育の検討——実習中に求められる「道徳的態度」について(1)」『千葉商大紀要』59(3)，2022，21-36

Tangney, J. P., Baumeister, R. F., & Boone, A. L. High self-control predicts good adjustment, less pathology, better grades, and interpersonal success. *Journal of Personality*，72(2)，2004，271-324

竹橋洋毅・樋口収・尾崎由佳・渡辺匠・豊沢純子「日本語版グリット尺度の作成および信頼性・妥当性の検討」『心理学研究』89(6)，2019，580-590

植田和也・藤本佳奈「大学生における規範意識の醸成に関する取り組み——マナー・モラル・ルールについて考える授業を通して」『香川大学教育実践総合研究』30，2015，15-27

浦光博・山縣桜子・寺田未来「教師への信頼感と暗黙の知能観が自立的な学習動機づけに及ぼす影響——高校から大学への移行過程に注目した検討」『アサーティブ学習高大接続研究』1，2016，27-38

特集◎令和の教育課題──学制150年を踏まえて

●

真の国際性への道
私自身の 35 年間の海外経験から

●

梶田 めぐみ○かじた　めぐみ

1　一本の電話

　2018年8月。南アフリカ西ケープ州，ケープタウンに居住する筆者の元に，一本の電話があった。かけてきたのは17年前，存続の危機に直面していた筆者の母校を大胆な改革で再生した前理事長である。松徳学院中学校・高等学校の次期理事長・校長を引き受けて欲しい，という，その一言だった。筆者に託された使命は，創立以来の揺るぎない学校理念「人間教育」と「国際教育」の継承と，発展だった。

　「ノー」の選択肢は無いと感じた。イギリスから南アフリカに移住し，そこで一生を終えるつもりだった筆者はその時，得体の知れない大きな力に後押しされたように感じ，「イエス」と答えた。長く生きている間には，理屈では説明のできないことが起こりうる。途方に暮れる家族を置き去りにしたまま2か月後，筆者は太陽の降り注ぐケープタウンから，故郷の山陰に戻ってきた。

　松徳学院は島根県松江市の郊外に位置している。冬季は特に曇天が多く，日

照日の確率は低い。雪が積もれば，生徒たちは校舎前の坂道を滑って転びながら登校する。島根県は 85 歳以上の人口比率が全国最高であり，それに伴う労働者人口の減少という深刻な問題を抱えている。また，15 歳から 24 歳の県外転出数も多く，島根県の良さを再発見し人口減に打ち勝つため，様々な対策が講じられている。このような物理的にも精神的にも内にこもりがちな状況にあって，どうやったらグローバルな視野を育むことができるのか──。これを大きな課題の一つとして担い，前理事長との約束通り 2019 年 4 月，中学校・高等学校という全く未経験の現場における理事長・校長に就任した。

　ここでは筆者の 35 年に亘る海外生活を振り返りながら，これからの国際教育のあり方や展望について語っていきたい。前半では海外生活に興味を抱くようになったきっかけや，イギリスでのエピソードにも触れたいと思う。少々お付き合いいただければ幸いである。

2　気づき

　筆者の父親は「ハイカラさん」だった。ベレー帽を被り，パイプを好み，パーコレーターでコーヒーを沸かすのが日課だった。シングルマザーの祖母はドイツ人神父の家政婦として働いていた。娘である筆者の母親は，教会の敷地に住み，毎日複数の外国人と接することで，意図せずとも異文化を体験していたはずだ。思い起こせば，家の棚に並ぶ本は洋書の翻訳本であり，また家族で聴く音楽や話題にする映画は大抵，洋物だった。外国への憧憬は両親の趣味に如実に表れていた。家庭内の小さな外国は，筆者の想像力にさざ波を立てる原因となった。幼稚園児の時「大きくなったらその国に住む」と宣言して，近所の人に苦笑されたこともある。図らずも両親は末娘に対し，「気づき」への環境を整えてくれていたのだろう。

　筆者が中学・高校の 6 年間を過ごした松徳学院は，スペインで始まったカトリック修道会イエズス孝女会によって，1956 年に設立された。「グローバル化」，

「異文化理解」あるいは「ダイバーシティ社会」といったワードには全く馴染みの無い時代だったが，日々スペイン人やフィリピン人のシスター方と関わり合い，ニックネームで呼ぶほど親近感を抱いていた。創立記念日には修道院に招かれて，手作りのケーキやビスケット等をいただいたこともある。また，フラメンコのステップを披露してくださる方もいた。宗教者だけど明るいな，と感心したが，その後マニラを訪れた時は更に驚いた。アジア地区の姉妹校が一堂に会するユースフェスティバルの後夜祭で，数人のシスターたちが生バンドの演奏に合わせ，腕を振り身体を揺さぶり，生徒と一緒に踊るのを見たからだ。掛け声の大きさも若者に負けてはいない。やはり海外の人は違う。型にはまらず，ある場面では自分を最大限に解放できる彼女たちを羨ましいと感じた。

　海外からの訪問客に接する機会も少なからずあった。フィリピンから11名の青年を招いた日比親善交換会では，「英語コース」二期生だった筆者は接待や交流会参加を積極的に行った。しかしながら最初の意気込みは，訪問者との実際のやり取りが始まると同時にくじけた。リスニングはまずまずできたが，伝えたいことを文章にして話せない。習ったフレーズを使おうと思っても，言葉が出てこない。初歩的な英語での質問に，彼らは優しく答えてくれた。気の利いた返答をし，それを繰り返していくのが本来の英会話の姿だが，残念ながらうなずくだけで精いっぱいだった。筆記試験の点数はここでは全く意味を持たない，そう痛感した。

　この頃からだろうか。海外文学を原語で読みたい，洋楽の歌詞の意味を知りたい，という思いが日に日に強くなっていった。ビジネスでも通用する英語力を身につけて，将来は海外に住みながら日本と関わる仕事をしたい，と漠然と考えた。好きな曲の歌詞をいくつも，辞書を引きながら訳してみた。高校3年生の夏休みには毎日図書館に通い，ジョージ・バーナード・ショー（George Bernard Shaw）の対訳付き著書を読んだ。目標は果てしなく遠いことは，十分にわかっていた。ジョージ・バーナード・ショーと大学入試は全く関係ないことも，もちろん承知していた。だが，いったん勢いがつくと止められな

い。このような性癖が筆者を英国移住に駆り立て，在英22年後に家族全員で帰国，その後再びイギリスへ，そして遂にはアフリカ最南端の国へと，嵐のような軌跡をたどらせた，と言わざるを得ない。

3　目覚め

大学では心理学を専攻した。講義の一つとして，今でも折に触れて思い出す話がある。Psychology（サイコロジー：心理学）の言葉の由来で，ギリシャ神話に登場するプシュケーが主人公だ。この美しい女神に心を奪われたエロスは毎晩彼女に会いに来るが，自分の姿を決して見せようとはしなかった。暗闇の訪問者の正体を知りたいばかりにプシュケーはある夜，明かりをつけてその顔を見てしまう。その途端去って行ったエロスを見つけるため，彼女は長い旅に出た。これを「プシュケーの目覚め」にたとえて読み解いた。エロスの顔を見てしまった瞬間が「目覚め」であり，そこから「魂の変容」という苦しい旅が始まる。

プシュケーの苦しい道のりは，見てはだめと言われているものを見てしまった，その好奇心から始まった。「目覚め」は，自分で創り出した苦難を自ら負うことにも通じる。好奇心は新しい世界を開く扉だ。そこへ到達するため，エロスの母，アフロディーテが課した四つの難題を越えていかなければならない。三つ目を前にして，プシュケーは死を覚悟した。冥界にある化粧品の箱を取ってくるように命じられたが，それは死をもってしか達成できないからである。どこからか聞こえてきた助言のおかげで無事に箱を手に入れるが，禁じられているにも関わらずこれを開けてしまったプシュケーは地獄の眠りに陥り，最後はエロスの助けによって蘇る。この神話はこれまでの自分のあり方や生き方が試練によって淘汰され，「私を支え続けていくもう一人の私」（梶田，2021b）が誕生することを示しているのではないだろうか。そして数々の試練を乗り越えた後，遂に二人は結ばれるという結末は，人が求めていくべき姿「自己実現」について語っているように思われてならない。

梶田叡一は「自己実現」について次のように述べている（梶田，2021a）。

「一言で言いきってしまうとすれば，生きていくうえで必要とされる認識の世界を広げ，問題を創造的に解決していく力や物事を理性的に判断できる力を身につけ，人間として深まっていくと同時に内面世界に一貫した原理を形成し，自分自身の完全燃焼を可能にするという方向ではないだろうか。人間としての本質的な意味での重要性を持つものは何であるのか，ということを常に念頭に置きながら，自己実現の内実を考えていかねばならないのである。」

「この意味で言うならば，最も深い水準での自己実現とは，その人が本当のその人になりきっていくことであると言ってよい。その人が本当にやりたいことをやれるようになることであり，その人が本当にやり遂げたいことをやり遂げられるようになることである。そのためにこそ，さまざまな認識や能力も身につけていかなくてはならないのである。」

「プシュケーの目覚め」が突然，筆者に襲ってきた。ロンドンの，トラファルガー広場でバスを待っている時だった。高校生の時に留学を望んだが叶わず，20代半ばで初めて実現した海外旅行先でのことだった。大学卒業後メディア系の華やかな職場で働き，更に日本はバブル景気を直前にした頃でもあったため，自分自身の足元も浮き足立っていた。裏腹に子供の頃抱いていた夢や，心の底から湧き上がる躍動感が徐々に萎んでいく恐れも抱いていた。当時は女性をクリスマスケーキと見なす風潮が，まかり通っていた。25歳を過ぎた独身女性は「終わった人」と見なされる。生き生きと生きるための方法や，自分のあり方がわからなかった。わからないから踏み出す勇気も湧いてこない。底知れぬ穴にゆっくりと，確実に，落ちていくような感覚に囚われる毎日だった。

トラファルガー広場からは放射線状に，何本もの道路が伸びている。それらは政府機関の立ち並ぶ区域や，バッキンガム宮殿に続く通りに繋がり，広場前には美術館やショッピング街，教会，公園など数々の観光名所へ向かう，赤い二階建てバスがひしめき合っている。様々な人種がいた。世界各国からこの場

に吸い寄せられるように来た人々だった。彼らの只中に立ち，薄汚い鳩の群れに餌を与えている観光客の集団を眺めていた。鳥に囲まれ奇声を上げる子供たちがいる。すると急に，これらの鳩が一斉にバサバサと，大きな音を立てて飛び上がった。煤にまみれているのに，空を背景に羽根を広げる姿は軽やかだった。それを見た瞬間，「自分も飛べるかもしれない」——そう直感した。根拠は何も無かった。

　二年後，スーツケース一つで英国に飛んだ。その時は想像もしていなかった，35年間に亘る海外生活の始まりだった。

4　自分探し

　説明できる理由もなく，衝動的にイギリスに渡った筆者に対する批判はあった。浮き草にならないように，とか，つらかったら無理せず帰って来なさい，という心配の声も幾つかかけられた。「自分探し」という言葉が当時流行っていた。筆者自身もそれを理由に一人きりの場所に身を置く決心をしたが，「自分探し」とは実際何なのか，何によって可能になるのかは，正直わかってはいなかった。

　渡英してすぐに痛感したのは，英語が話せないと何も始まらない，ということだった。言語習得だけではない。堂々とした態度で自分の意見を言えるまでは，一人前の大人として見なされない。意見を言うためには，相手の話を聞き，それを咀嚼する能力が必要だ。更に言うならば，共感する心を持ち合わせなければ会話は成り立たない，ということにも気がついた。

　渡英の翌年知り合いの実家に招かれ，そこでクリスマスの3日間を過ごした。上流階級の彼らの家はロンドンから車で二時間半北上した，サフォーク州にある。門を通り抜け敷地内の道を走りながら，緊張が高まっていったのを覚えている。玄関に到着し重厚なドアノックを叩くと，クリスマスリースの掛かったドアを開けて家の女主人が出迎えてくれた。他の家族のメンバーも次々と到着する。家族以外は自分一人だけ，また海外生活経験が浅いだけではなく，上流

階級の家に招かれたことなど一度も無い筆者が，終始張り詰めた気持ちだった
のは言うまでもない。周囲の雰囲気や言葉のトーン，振る舞い等を盗み見しな
がら，自分なりに順応するよう努力した。

　しかし，真似をするだけではすぐにボロが出る。夕食後居間に集まり，カー
ドゲームをした。時折声は上げるが，皆落ち着いた表情で淡々とゲームに臨ん
でいた。持ち札が有利と知り，筆者の興奮は高まる。そして勝利が決まった途
端思わずソファから跳ね上がり，「I won！ I won！（勝った！ 勝った！）」と
大声で叫んだ。誰一人として反応しない。笑いも無かった。イギリス人は一般
的に喜怒哀楽をあまり表に出さないし，そのような感情を他者が出すのも歓迎
しない。上流階級となると，その傾向は更に強くなる。わかっていたはずだが，
うれしさを抑えるのは難しかった。無言でカードを回収する知人が，普段以上
に素っ気なく見えた。

　人が集まるところでは，宗教と政治の話は決してしない，というのは，イギ
リスに渡ってから受けた忠告の一つである。カードゲームの後，家族間で話し
合いが始まった。マーガレット・サッチャー首相の政治政策についてだったよ
うに記憶している。その際筆者は，サッチャリズムと呼ばれる徹底的な経済政
策が，社会的勝者と敗者を創り出す結果となった，といったようなことをつい
口にしてしまったと記憶している。カードゲームの時と同じ反応が返ってきた。
今度は誰もがうつむいて，恥ずかしそうな顔をしている。失敗だらけの3日間
だった。30年以上経った今でも思い出すと赤面する。後に判明した事実だが，
知人の家族がうつむいたのは，外国人である筆者が政治の話に口を挟んだのが
理由ではなかった。英語の文法が著しく間違っていたから，だったようである。

5　私きりの私を全うする

　日本の常識は世界の常識ではない，ということを何度も思い知らされた。
　理解してもらうためには，必ず言葉を使わなければならない。以心伝心など
期待しない。心遣いがお節介と捉えられることも多々ある。正しいかそうでな

いかに関わらず，自分なりの考えを持ち，それを表明できることが，イギリス社会に入っていく鍵になる。若者が海外で活躍するためには大切な能力であることは間違いない。それがうまくできないことにしばしば悩み，落ち込んだ。

　何十年も経て，今でこそ言えることがある。海外ではマイナスと捉えられる「日本人らしさ」に対して，誇りを持つことを忘れてはならない，ということだ。意見を口に出して言えなくても，心の中ではちゃんと何かを考えている。お節介は，言い方を変えれば優しさや思いやりだ。他者を思いやるからこそ，自分の考えを伝えないこともある。また，曖昧模糊とした言葉の中に，果てしない創造性を内包している日本語の美しさは，外に出て初めて知りうるところである。日本人としての資質を豊かな土壌とし，異文化を充分に理解した上で，どのような舞台に立っても物おじせず自らを表現することができる──。そして知識や経験，感性を融合した豊かな内面と，その中で緩やかに高まり，躍動する心がいつも「私」を支えている──。国際性を育むということは，このような意味合いを持っているのではないだろうか。

　長い年月イギリスや南アフリカで様々な人たちと出会い，数えきれない失敗を重ねてくるうちに，「自分の一生を自分なりに生ききっていく」（梶田，2021b）誰のものでも無い「私きりの私を全うする」覚悟が，筆者にも芽生えてきた。他者からの評価は，自分自身の短所に気づき，改善していくためのチャンスだ。様々な失敗によって，つらい経験を人のせいにせず，自分自身で受けて立つことを学んでいく。個々人のあり方を尊重し，認めることのできる器は，自らが痛みを経験して初めて形成することができるだろう。新たな自分とのエンカウンター。これ以上にワクワクと，心躍ることはあるだろうか。どんな場面においても揺るがず包括的に確立された「私」は，一生かけて創り上げていくものだ。もしかしたら筆者は，人生の半分以上を費やして探し続けた自分の片鱗を，今やっと見つけたのかもしれない。

6 共感力と人間力の醸成

　このように考えていくと，本校の教育理念である「国際教育」と「人間教育」は，切り離すことのできない深い関係性を持っていることがわかる。教育現場ですべきは「興味への喚起」，次に「渇き」，そして「気づき」と「目覚め」へと生徒を導いていくことだと考える。

　先日，高校3年生の英会話の授業に参加し，ロンドンの街の様子をビデオで見せた。それぞれの場所にまつわる筆者の経験も，少しだけだが話した。視聴後，生徒から様々な質問を受けたのには若干驚いた。本校の高校生は授業となると，一部を除くと比較的おとなしい生徒が多く，活発な意見や質問が発せられることはあまり無いからだ。「どんな家に住んでいたんですか」「どうやったら英語を話せるようになりますか」「ロンドンに行って一番驚いたことは何ですか」等々，授業終了のチャイムが鳴らなければ延々と続きそうな勢いだった。筆者の視点を通して，生徒たちもロンドンを体験してくれたのだ。うれしかった。「興味への喚起」「渇き」への第一歩だ。そしていったん「目覚め」てしまったら，後に引くことはできない。そこから自己実現に向かう道は果てしなく長く，遠い。乗り越えるために必要なのは，「共感力」と「人間力」だ。何があってもへこたれない持久力と，揺らぐことの無いオプティミズム，そして思いやりと感謝の心を，じっくりと時間をかけて育てていかねばならない。

　「国際性」は身につけるものではなく，内から湧き上がってくるものと思っている。自分自身を，そして他者を受け入れることができ，高め合っていけるような関係性のあるところに，人種や国籍の境界線は無い。筆者は講義や様々な行事，体験活動といった学校の取り組みを行う中で，それらの意義と，日々の営みを支えてくれている人たちのことを，できるだけ生徒に話すよう心がけている。12歳から18歳，それぞれの感じ方は違うであろうし，筆者の思いがすぐに生徒たちに伝わるとは思っていない。だが，忍耐強く話しかけ続けるこ

とでいつか，彼らの心に変化が起こることを期待したい。それぞれが社会の中に，また自分自身の中に立ち位置を発見し，自分なりにたくましく生きていってほしい。そう願ってやまない毎日である。

7　感謝に始まり，感謝に終わる

「こんなものが出てきたわ」。部屋を片付けていた姉から，一枚の写真を渡された。渡英直前，新宿の路上で手を振る35年前の自分が映っていた。「倫敦へ行きます」というタイトルをつけ，友人知人に配る葉書に載せるつもりで，仕事上関わりのあった写真家に頼み込んで撮ってもらった，思い出深い一枚だ。「おかあちゃんは，'毎日の祈り'っていう冊子にこれをはさんで，いつも眺めていたんだよ」──。その言葉に心臓を掴まれるような思いがした。今は亡き母の祈りが，一気に押し寄せてくるのを感じた。母親ほど頻繁ではないが，父親は生前，入所していた介護施設から何度か便りをくれた。「あなたのお帰り待っています」との一言をしたためた葉書を，長い間手元に置いていたこともある。イギリスに行ったきりになってしまった娘に対し，両親は何もいわず，帰国した際はいつも笑顔で迎えてくれた。寂しかったと思う。帰ってきて欲しかったと思う。そんな思いは告げず，母は「あなたは私たちに，夢を与える役目を持っているんだね」と言って送り出してくれた。故郷に戻り，母校を支えている今の筆者を見たら両親は何というだろうか。いや，それともこれは彼らの，天国からの采配なのか。そして前理事長から依頼の電話があってからこの4年間，南アフリカの家を守っている家族は筆者の働きを評価し，いつも励ましてくれている。「ありがとう」の一言に尽きる。

誰かを思いやる心に，国境は無い。全ては「感謝の心」から始まり，ここに帰結する。この場で「真の国際性」について私見を述べる機会をいただいたことにも，感謝の意を表したい。

参考文献

梶田叡一『自己意識論集Ⅴ　内面性の心理学』東京書籍，2021a

梶田叡一『自己意識論集Ⅳ　生き方の心理学』東京書籍，2021b

島根県「地域共創の視点」人口ビジョン：第2章　島根県の現状と課題

　https://www.pref.shimane.lg.jp>chiiki>kaso.data

特集◎令和の教育課題——学制150年を踏まえて

●

品格ある日本人としての育ちを

●

渡邉 規矩郎○わたなべ　きくろう

はじめに

　「品格ある日本人としての育ちを」というテーマをいただき，即座に頭に浮かんだのは，「風格ある日本人」という言葉である。この「風格ある日本人」の言葉は，中央教育審議会が昭和41年（1966）10月に答申した「後期中等教育の拡充整備について」の別記「期待される人間像」に出てくる。筆者はその年の春，大学を出て社会人になり，教育記者として駆け出したばかりだったので，この答申，とりわけ「期待される人間像」については，当時の中央教育審議会の森戸辰男会長，高坂正顕主査の人柄とともに鮮明によみがえってくる。この答申の後，昭和46年（1971）6月に出された答申「今後における学校教育の総合的な拡充整備のための基本的施策について」は，明治初年と第二次世界大戦後に行われた教育改革に次ぐ「第三の教育改革」と位置付けられ，学校教育全般にわたる包括的な改革整備の施策を提言したものだった。

　当時は高度経済成長期。この時代を牽引してきた明治人の気骨，香りが強烈に漂ってくる。その時代の終焉は，教育現場においては師範学校卒の教師が教壇から去っていく頃であり，教育界は次第に変貌を遂げていく。明治は遠くな

りにけりだが，回顧すれば，70年代までは，日本の歴史と伝統文化に根差した「風格」と「品格」があったように思う。

1 「期待される人間像」が求めた「風格ある日本人」

　昭和38年（1963）6月，時の荒木萬壽夫文部大臣から中央教育審議会に「後期中等教育の拡充整備について」諮問がなされた。その諮問文の中に検討すべき問題点として，①期待される人間像について，②後期中等教育のあり方について，の2点が示され，期待される人間像については，「すべての青少年を対象として後期中等教育の拡充整備を図るにあたっては，その理念を明らかにする必要があり，そのためには今後の国家社会における人間像はいかにあるべきかという課題を検討する必要がある。」と述べられた。以来，中央教育審議会は3年有余にわたり審議を行い，昭和41年（1966）10月，「後期中等教育の拡充整備について」有田喜一文部大臣に答申した。このうちの「期待される人間像」については，答申そのもののなかで，これが「広く一般国民，とくに青少年の教育に従事する人々が人間像を追求しようとする場合，あるいは，政府が基本的な文教政策を検討する場合に，参考として利用されることを期待するものである。」とした。

　「期待される人間像」は，第1部「当面する日本人の課題」で，「現代文明の特色と第1の要請」において人間性の向上と人間能力の開発を「今日の国際情勢と第2の要請」において世界に開かれた日本人を「日本のあり方と第3の要請」において民主主義の確立を掲げ，第2部「日本人にとくに期待されるもの」として，第1章「個人として」は「1 自由であること　2 個性を伸ばすこと　3 自己をたいせつにすること　4 強い意志をもつこと　5 畏敬の念をもつこと」，第2章「家庭人として」は，「1 家庭を愛の場とすること　2 家庭をいこいの場とすること　3 家庭を教育の場とすること　4 開かれた家庭とすること」，第3章「社会人として」は，「1 仕事に打ち込むこと　2 社会福祉に寄与すること　3 創造的であること　4 社会規範を重んずること」，

第4章「国民として」は,「1 正しい愛国心をもつこと　2 象徴に敬愛の念をもつこと　3 すぐれた国民性を伸ばすこと」を柱に構成されている。

その最後の部分「すぐれた国民性を伸ばすこと」では,「国民のもつ風格」や「風格ある日本人」という語句を織り込んで,次のように記述している。

「世界史上,およそ人類文化に重要な貢献をしたほどの国民は,それぞれに独自な風格をそなえていた。それは,今日の世界を導きつつある諸国民についても同様である。すぐれた国民性と呼ばれるものは,それらの国民のもつ風格にほかならない。

明治以降の日本人が,近代史上において重要な役割を演ずることができたのは,かれらが近代日本建設の気力と意欲にあふれ,日本の歴史と伝統によってつちかわれた国民性を発揮したからである。

このようなたくましさとともに,日本の美しい伝統としては,自然と人間に対するこまやかな愛情や寛容の精神をあげることができる。われわれは,このこまやかな愛情に,さらに広さと深さを与え,寛容の精神の根底に確固たる自主性をもつことによって,たくましく,美しく,おおらかな風格ある日本人となることができるのである。

また,これまで日本人のすぐれた国民性として,勤勉努力の性格,高い知能水準,すぐれた技能的素質などが指摘されてきた。われわれは,これらの特色を再認識し,さらに発展させることによって,狭い国土,貧弱な資源,増大する人口という恵まれない条件のもとにおいても,世界の人々とともに,平和と繁栄の道を歩むことができるであろう。」

「期待される人間像」について,森戸辰男氏は「高坂さんは『これは国民が国民のために考える期待される人間像という方向で作った』と述べていた」と語っていた(日本教師会,1967)が,大きな論議を呼びながら最終報告に至ったものの,その後,「期待される人間像」は,教育現場ではほとんど話題にもならず忘れられ,歴史的文書と化していった。

　なお，「期待される人間像」がしばしば言及している「日本人の国民性」については，夏目漱石と東京帝国大学で机を並べた国文学者の芳賀矢一が明治40年（1907），『国民性十論』を著し，日露戦争後の社会を背景に，日本人の性格10項を列挙，西欧人と客観的に比較しながら国民性を論じた（芳賀，1907）。

　芳賀があげた10項の日本人の国民性は次のとおりである。

①忠君愛国

②祖先を尊び家名を重んずる

③現世的・実際的

④草木を愛し自然を喜ぶ

⑤楽天洒落（心がさっぱりしてこだわりがないこと）

⑥淡泊瀟洒（さっぱりしていて清浄なこと）

⑦繊麗精巧（すらっとして美しいこと）

⑧清浄潔白

⑨礼儀作法

⑩温和寛恕（心ひろく思いやりがあること）

　戦後，統計数理研究所国民性調査委員会が昭和28年（1953）から５年ごとに，その時々の日本人が何をどう考えていたかを調査しているが，平成30年（2018）に行った第14次全国調査結果（統計数理研究所，2021）を見ると，日本人の国民性について，伝統的な国民性の基調そのものは変わらないように見受けられるものの，細部を見ていくと気になる点がいくつも垣間見えてくる。

2　志を立てることが万事の源

　筆者が最も尊敬する幕末維新の指導者・吉田松陰の遺文に『士規七則』がある。教師をしていた筆者の父もこれを重んじたようで，筆者が12月に生まれた翌年の正月元旦には，年頭にあたり自らの教職への決意を固め「師魂磨勵之鑑」とするために『士規七則』を清書し掛軸にしていたのを死後，遺品のなかから発見して感慨を覚えたものである。

『士規七則』は従弟（甥）の玉木毅甫（彦介）の数え年15歳の加冠（元服）に際して書き与えたもので（吉田著，山口県教育会編，1934），これを目標に精進していけば「人と成る」ことができるという指針を示している。

『士規七則』は7カ条からなるが，さらにこれを要約すれば3つにできるとし，松陰は「士規七則，約して三端と為す。曰く，志を立てて，以て万事の源となし，択交以て仁義の行を輔け，読書以て聖賢の訓を稽ふ。士苟もこゝに得るあらば，また以て成人と為すべし。」と諭している。

すなわち，志を立てる（立志）ことがすべての出発点であり，続けて，交わりを択ぶ（すぐれた人物・友を持つ），読書（主として古典を読む）の3点をあげている。松陰がいう択交とは，現在のすぐれた人物を求めて敬慕，交わるばかりでなく，過去の歴史にすぐれた人物を求めて，その教えを受けなければならないという意味である。

この『士規七則』の訓えは，ともに若くして安政の大獄で小塚原の刑場の露と消えた越前の橋本景岳（左内）が，自らの元服にあたり記した『啓発録』の5つの柱，①稚心を去る②気を振う③志を立てる④学に勉む⑤交友を択ぶ，と共通するものがある（橋本著，伴訳注，1982）。

「志なき者は魂なき虫に同じ」とする景岳は，志の立て方を懇切に説く。

「とにかく，志を立てる近道は，聖賢の教えや歴史の書物を読んで，その中から深く心に感じた部分を書抜いて壁に貼りつけておくとか，常用の扇などに認めておくとかし，いつもそれをながめて自己を省みて，自分の足らぬところを努力し，そして自分の前進するのを楽しみとすることが大切である。また，志が立った後でも，学問に励むことを怠れば，志が一層太く逞しくならずに，ともすれば，かえって以前の聡明さや道徳心が減少し，失われてゆくものであるから，注意しなければならない。」（橋本著，伴訳注，1982）

橋本景岳を年下ながら尊敬し，景岳からもらった手紙を手離さず，西南の役で敗れ城山で自刃したときにもその手紙を鞄に入れて持っていたという西郷南洲（隆盛）は「聖賢ニ成ラント欲スル志無ク，古人ノ事跡ヲ見，迚モ企テ及ハヌト云フ様ナル心ナラバ，戦ニ臨ミテ逃ルヨリ猶ホ卑怯ナリ」（南洲翁遺訓）

と高い志を求める（山田編，1939）。

　また，松陰や景岳，南洲らを先哲として仰ぐ平泉澄博士は，「内に志あれば外風格に必ず現れる」（平泉，2021）と，何よりも志に重きをおいている。

3　言語を正すことは心を正すこと

　吉田松陰は杉百合之助の次男に生まれ，4歳のときに山鹿流兵学師範であった叔父の吉田大助の養子となって吉田家を継ぎ，9歳のときに明倫館の兵学師範に就任，11歳のときには藩主・毛利敬親の御前で山鹿素行の『武教全書』を講義している。山鹿素行は江戸前期の儒学者で兵学者。山鹿流兵学の祖である。素行は『聖教要録』を著し，そのなかで幕府の御用学者らが拠り所とする朱子学を批判したために赤穂に流され，赤穂において大石内蔵助たちに武士の有り様や山鹿流兵学を説いた。

　素行が著した武士道の入門書に『武教小学』があり，その3章に「言語応対」を掲げている（山鹿・吉田，1938）。

　その冒頭で「言語応対は志の適〈ゆ〉く所なり，戯言なれども思より出づと云ふは是なり。凡そ士の言語正しからざる時は，則ち其の行必ず猾〈かつ〉なり」という。すなわち，言語・言葉というものは，直ちにその精神を表現するものである。したがって，下品な言葉をつかう人は，その精神も下品であり，傲慢な言葉をつかう人は，その精神も傲慢であるに違いない。たとえ，冗談だといっても，その冗談のなかに，その人の精神はおのずから現れているし，言葉が逆に心を規定してしまう。言葉は自由につかうものではあるが，それは一面のことで，心を正しくしようと願うならば，正しい言葉を用いなければならない，という意味である。

　余談になるが，筆者は学生時代から恩師の平泉澄先生や諸先輩方に名前を呼び捨てにされたことは一度もなかった。「くん」づけもない。常に「さん」で呼ばれた。未熟ではあったが，志ある人として扱われた。それが当たり前になり，それ以後，社会に出て職場の同僚や後輩，大学で学生に接するときには

「さん」づけで呼ぶことを心がけた。

　関連して，ずいぶん昔のことになるが，筆者が新聞記者時代，鈴木勲元文化庁長官が文部省初等中等教育局審議官当時，家庭教育について兵庫で講演したのを取材した。そのとき鈴木氏は，「組織において部下と接するとき，組織においては部下であるが，一旦，組織を離れれば，家庭においては，子どもの親であり，家長であり主婦である。また，地域においては，いろんな形で役割を果たしている。そのことを常に念頭において，その人と接することが大切だ」という趣旨のことを述べていたことをいまだに忘れない。温情のある鈴木氏らしい，大きく人を包み込むような話である。

　筆者も，会社組織の経営・運営に携わったときには，この話を思い出しながら社員たちに接することを心がけたものである。

4　つつしみ（敬）とたしなみ（辛苦）

　家庭・学校・社会において言葉が乱れ，敬語がおろそかになっていることは，由々しき問題である。

　敬語の「敬」という字は，人に対しては人を「うやまう」ことであり，自分においては「つつしむ」ことである。すなわち，「つつしみ・うやまい」が言語に現れたものが敬語にほかならない。その言動がおのずと人の風格・品格に現れてくる。

　梶田叡一博士は，著書『人間教育の道』のなかの「品格ある日本人の育成を」の提言で，「克己の精神と慎み＝自己統制に裏付けられた品格」（梶田，2022）を強調しているが，品格の育成を考えるとき，この慎みは，最も大事にすべきことといわなければならない。

　「つつしみ・うやまう」ことが，日本古来からの根本的な生活態度であることを深い思索の中から明らかにしたのは，垂加神道を唱えた山崎闇斎である。闇斎が最も尊重したのが「神垂れは祈祷を以て先とし，冥加は正直を以て本となす」とする『倭姫命世紀』（黒板編，2007）に出てくる言葉で，祈りがあり，

正直であるところに神意は通うとする。つつしみの生活は祈りの生活で，祈りからつつしみは生まれ，つつしみによって祈りは生活のものとなり，祈り・つつしみは，正直という心の色として表されるという（谷，2001）。

山崎闇斎は，自分に対してはつつしみ，相手に対してはうやまう「敬」の字を最も重んじ，同様に道元禅師も「敬を以て宗と為す」，「人は必ず陰徳を修すべし」（平泉編，1932）としていた。

ここで，「つつしみ」に関連して，「たしなみ（辛苦）」ということにふれておかなければならない。

『日本書紀』神代巻に，素戔嗚尊が，高天原でさまざまな乱暴・悪事をはたらいたことにより天上より追放され，葦原中国にも居ることを許されず，根国に放逐せられたとき，雨降りによって宿を衆神に乞われたが断られたので，「ここをもて雨甚だしといへども留まり休む事を得ず，たしなみつつ降りき」とあり，その「たしなみ」に「辛苦」の二字をあてている（坂本ほか校注，1994）。

本居宣長と並ぶ江戸時代中期の国学者・谷川士清は，著書『日本書紀通証』で，まず玉木葦斎の説をかかげて，素戔嗚尊が根国に下るとき，「流離顛沛の間，此の艱辛労苦に遭い，荒金の質変化功熟し，終に聖敬の域に帰せしもの，豈是れ祓除の功効に非ずや，道に志す者，宜しく深く味はうべし」といい，士清みずから「辛苦」の二字を解読して，「素尊荒金の性，日に鍛へ月に練り，終に莫大の功徳を成得たるもの，皆此より出ず。夫れ辛苦困難，つぶさに之を嘗めずんば，則ち清々の地，豈其れ期すべけんや。徳性を養い，気質を変ずる，是に於いてか以て法と為すべし。故に曰く，学術の要，唯此の二字を貴しと為すと。学者尤もよろしく服膺すべし。」と述べている（谷川，1988）。

千辛万苦のうちに練磨して，やがて清々の境地に到達した素戔嗚尊だからこそ，人々は貴い身近な神として，畏れつつも親しみをもって崇めるのである。

日本書紀では辛苦を「たしなむ」と読ませているが，『旺文社古語辞典改訂新版』（松村ほか編，1988）によると，「たしなむ（嗜む）」には，「好む，好んで精を出す」のほかに，「心がけて修行する」，「見苦しくないように整える，

飾る」，「慎む，がまんする」の意味がある。

　最近，長崎県壱岐地方の方からうかがった話では，「壱岐地方では，現在も『辛抱する』ことを『たしなむ』と言う」とのこと。古い文化は辺地へ行くとまだ残っているものだが，壱岐地方では古語が今に生きていることに驚かされた。

　辛苦や辛酸は人を成長させる。昔から「艱難（辛苦）汝を玉にす」や「若い時の苦労は買ってでもせよ」という故事ことわざがある。江戸時代初期の陽明学者の熊沢蕃山の「憂きことのなほこの上に積もれかし限りある身の力試さん」（後藤・友枝校注，1971）の歌や戦国武将の山中鹿之助（鹿介，幸盛）が「願はくば，我に七難八苦を與（与）え給え」と三日月に祈った有名な逸話（文部省，1938）があるが，みずからを鞭打ち励ましていくことは人間形成において大切なことである。

5　姿勢が正しくないと心も曲がる

　中国戦国時代の諸子百家の一人である列子の言葉に，「形影相隨う」という故事成語がある（小林，2004）。身体の動きに応じて影も動くことから，心のありようが言動に現れてくることをいう。

　列子が，ふりかえって自分の影法師をよくよく眺めてみると，体が曲がると影法師も曲がり，体が真っ直ぐになると影法師もきちんと真っ直ぐになる。つまり，曲がるのも真っ直ぐになるのも，影法師を映す体次第であって，影法師はただそれにつき従うだけのことであった。

　その逆もあると思う。姿勢が正しくないと心も曲がる。

　哲学者で教育学者の森信三氏を晩年に取材したが，同氏は「人は心身相即の生き物だから，心を立てようと思ったら，まず体を立てなければならない。腰骨をいつも立てて曲げないようにすることにより，自己の主体性の確立をはじめとした人間形成が実現できる」と説き，その実践的方法として，腰骨を立てる，立腰，姿勢の確立を提唱し，幼児教育や学校現場でこれを実践している校

園が全国各地にみられる（森講述，寺田編，1995）。

　姿勢についていえば，武道や芸道を追究する武芸者，神仏に奉仕する聖職者たちには，ほぼ共通した礼儀作法があり，まずは形・型の修練から入る。

　鎌倉時代から続く礼法の小笠原流の宗家・小笠原家には，根本の書物である『修身論』と『体用論』が伝わっている。これは，心と体をいかに扱うべきかについて両面から述べたもので，心と体が一体になった，自然に即した礼法の神髄に迫った極意書である（小笠原，2008）。

　礼儀作法の修練は，品位・風格の習得を目指すことで，そこに礼の心，本当の自然も存在すると説く。これが日常の行住坐臥において，堅苦しくなく自然にできたとき，美しい立ち振る舞いになって現れる。

　語呂合わせではないが，「姿勢」は天に通ずる「至誠」になると信じる。筆者は弓道に励んでいたとき，師範から「胴づくりにおいては，足は大地に根を下ろしたごとくふんばり，頭は天をつくような気持ちで構えよ」と指導されたことを思い出す。「天地人」といわれるが，天地の間にあって姿勢をただすことは，やはり至誠に通ずると考える。

6　子育て──父親の役割と成長段階の着眼

　かつて筆者は，新樹会教育部会（部会長＝石川二郎元文部省中等教育課長）のメンバーと，今日の家庭教育における問題点のひとつが，父親がその役割を果たしていないところにあるとの観点から，約１年にわたって突っ込んだ研究討議を重ね，「子育て──父親の役割」（新樹会教育部会，1979）と題する提言を取りまとめた。

　もとより子育ては父親と母親のそれぞれの役割に応じた協力によってなされるものだが，この提言は，父親の立場にテーマを絞って，すでに父親となっている人と，これから父親になろうとしている人々に，父親の家庭教育におけるあり方の要注意点を明らかにしようとした。同時に，すでに母親であり，また母親になろうとする人々に，自分のパートナーである父親のあり方を理解する

表　子育て──父親の役割　成長段階の着眼（新樹会教育部会，1979）

何を＼子供の		誕生前に	幼児期に	学童期に	中学生のときに	高校生のときに	学生のときに	世に出たときに
個の確立へ	健康	夫婦そろって健康に	なんでも食べさせよう	わんぱくとおてんばも	山野を走り廻れ	スポーツで鍛える	節度ある生活を	自分で健康管理を
	学習と思索	経験者に子育ての要諦を聴け	手と頭の遊びを	良書に親しませよ	感動の体験を	人生を考えさせよう	徹底した勉強を	学習は一生涯
	自立	父親としての自覚を	自分のことは自分で	叱るときは叱れ	挑戦させよ	志を立てる	個性的能力を	信ずる道を歩ませよ
社会参加に向けて	生きがい	感謝と奉仕の日々を	神仏を拝ませよう	思いやりの心を	夢を語れ子の夢を聞け	人生の喜びを語れ	挫折や哀しみも語れ	生きがいは自分でつくれ
	道徳と秩序	生命の尊さを知れ	互いにあいさつを	他人に迷惑をかけぬよう	進んで規律を守らせよ	自由に責任あることを教えよ	全体と個の調和を	社会人としての倫理を
	連帯と協調	妻にいたわりを	家事の手伝いを	子供会などへの参加を	リーダーの体験を	奉仕活動への参加を	国際協力へも目を向けよ	職業を通じて社会のために
	環境づくり	なごやかな家庭を	進んで遊び友達を	ものを与えすぎるな	親友をもて	わが住む町を見直そう	国づくりへの目を	地域づくりの実践も

上で役立ててもらい，たくましい精神的バックボーンをもった青少年を育成する上で役立ててもらいたいとの期待を込めた。

　そのエッセンスが別表に掲げた「子育て──父親の役割　成長段階の着眼」である。40数年を経た現在でも通用するのではないだろうか。

　品格ある日本人としての育ちを期する上で参考になると思い掲げてみた。

おわりに

　品格・風格を育てるために，まず志を立てること，歴史上の人物を含めた交友，古典を中心とする読書，さらに言葉や姿勢を正すことと，つつしみ・うやまう心と態度，艱難辛苦の体験などをあげて解説してきた。その際，例示した多くは，歴史と伝統に耐えて色あせない先哲を中心とする教えである。

　それら先達たちは，常日ごろから学問や武術とともに和歌や漢詩を詠み，管楽，芸能を好む風雅を備えていた。いわゆる文武両道の実践によりみずからを磨き高めてきた。その結果としての品格・風格である。

　日本人の品格・風格どころか，国民・国家の劣化が憂慮されている状況だけに，お手本を歴史と伝統文化に求める教育こそ急務であると思う。

参考文献

後藤陽一・友枝龍太郎校注『熊沢蕃山（日本思想大系30）』岩波書店，1971

芳賀矢一『国民性十論』冨山房，1907

橋本左内著，伴五十嗣郎訳注『啓発録――付 書簡・意見書・漢詩』講談社，1982

平泉澄著，市村真一編『先哲を仰ぐ（四訂版）』錦正社，2021

平泉澄編『闇齊先生と日本精神』至文堂，1932

梶田叡一『人間教育の道――40の提言』金子書房，2022

小林信明著，西林真紀子編『列子』明治書院，2004

黒板勝美編『古事記；先代舊事本紀；神道五部書（新訂増補国史大系第7巻）』吉川弘文館，2007

松村明・山口明穂・和田利政編『旺文社古語辞典 改訂新版』旺文社，1988

文部省『期待される人間像』大蔵省印刷局，1966

文部省『尋常小学校国語教科書（5年）』文部省，1938

森信三講述，寺田一清編『新版・立腰教育入門　森信三先生提唱』不尽叢書刊行会，1995

日本教師会『日本の教育　縮刷版（第1号～第220号）』日本教師会，1976

日本教師会「日本の教育」昭和42年1月1日新春座談会，1967

小笠原清忠『小笠原流　日本のしきたり』ナツメ社，2008

坂本太郎・家永三郎・井上光貞・大野晋校注『日本書紀一』岩波書店，1994

新樹会教育部会『子育て――父親の役割』財団法人育青協会，1979

谷省吾『垂加神道の成立と展開』国書刊行会，2001

谷川士清『日本書紀通証3』臨川書房，1988

統計数理研究所「日本人の国民性　第14次全国調査 結果の概要と基礎集計表」2021

渡邉規矩郎『日本って何だろう』廣済堂，2020

山田済斎編『西郷南洲遺訓 附 手抄言志録及遺文』岩波書店，1939

山鹿素行・吉田松陰『武教本論・武教小学（日本学叢書第4巻）』雄山閣，1938

吉田松陰著，山口県教育会編『吉田松陰全集述作篇第2巻』岩波書店，1934

あ と が き

　『教育フォーラム』も，この第71号で終結ということになった。1988年9月
に『教育評価フォーラム』として第1号が刊行され，第4号以降『教育フォー
ラム』と改題して，毎年2号ずつ発行し，本号まで35年近く続いてきた。こ
うして振り返ってみると，深い感慨がある。ちなみに第1号の特集は「内面性
の教育と評価」であった。

　このシリーズで目指してきたのは，一貫して「学力保障と成長保障の両全」
であり，「自分自身の内部に拠り所を持つ自立した人間」の育成を目指す「人
間教育」であった。特に参照してきたのは，ベンジャミン・ブルームを中心と
した人たちが展開してきた「形成的評価」「マスタリー・ラーニング（完全習
得学習）」「タキソノミー（教育目標の分類体系）」の理論である。このシリーズが，
ブルーム理論の研究と実践化を目指す小・中・高・大の教員の連携を深めるた
めの機関誌として発足した，という経緯も忘れることはできない。

　初期のころから2015年8月刊の56号まで巻末に10ケ条の「実践指針」を掲
げてきたが，この中に我々の実践研究で重視する具体的ポイントが示されてい
る。そこでは，一人ひとりの独自固有な内面世界（実感・納得・本音の世界）
の育ちを支援し，それを基盤として現代社会に積極的な形で参加していくため
の資質能力がきちんと身につくよう指導していく，といった我々の人間教育の
目標が表現されている。このシリーズが終結した後においても，こうした基本
的な目標意識は堅持していきたいと思う。

　本号は，こうした経緯を踏まえ，また明治5年の学制発布から150年という
歴史を踏まえて，現在の教育に，そしてこれからの教育に何を期待するか，各
執筆者の方に述べていただいている。力のこもった論考や提言を掲載させてい
ただけたことに感謝である。

　最後になるが，本号に至るまでの長い年月，このシリーズを支えていただい
た多方面の方々に，ここで深い謝意を表したい。

（梶田叡一）

日本人間教育学会News

　日本人間教育学会は，会員の皆様，また，その趣旨にご賛同いただける方々のご協力をいただき，9年目を迎えました。未だ新型コロナウイルスの終息は見られておりませんが，社会経済活動はWithコロナを踏まえた新しい生活様式のもと，徐々に再開されております。本学会でも，引き続き新型コロナウイルスの感染状況を踏まえながら，徐々に対面形式での学会活動を再開していく予定です。

　日本人間教育学会は，定期刊行物『教育フォーラム』と学会誌『人間教育学研究』を両輪に，学会大会をエンジンとして学会活動を継続して参りました。特に『教育フォーラム』は，本学会の前身である人間教育研究協議会が発足した1989年から現在まで30余年も発刊が続く，歴史ある書籍となっております。しかし，誠に残念ではありますが，このたび，『教育フォーラム』が終刊を迎えることとなりました。これまで，人間教育研究協議会，および日本人間教育学会の活動に多くのご支援をいただきました，金子書房様には，深く御礼を申し上げます。

　今後は，学会誌『人間教育学研究』と学会大会を主軸として学会活動を継続して参ります。日本人間教育学会は，特にこの数年，新規の学会入会者が増加しており，日本の教育における人間教育の不易の側面を感じております。小さな学会ですので，事務的な手続きで先生方には大変ご迷惑をおかけしておりますが，今後とも，人間教育の更なる発展に向けて，微力ながら尽力して参ります。

1．日本人間教育学会　第8回大会　開催報告

　2022年12月3日（土），予定通り，対面形式による学会大会を開催させていただきました。昨年度の第7回大会はオンデマンド配信での開催でしたが，会員の皆様と直接お会いして議論ができたことを喜ばしく思います。特段の問題なく学会を開催させていただくことができました。ご参加の皆様方のご協力に感謝申し上げます。

午前中の基調講演では，会長の梶田叡一先生より「令和の人間教育─学制150年から未来へ─」と題して，日本の学校教育が大切にする人間教育の観点について，学習指導要領や教授法の歴史的な推移を紐解きながら，未来の学校教育の方向性についてご示唆をいただきました。午後は5分科会に分かれ，それぞれの先生方の人間教育の取り組みについて合計15本の研究発表を行っていただきました。ご発表いただきました先生方に心より感謝申し上げます。

２．学会誌『人間教育学研究』第９号の発刊予定につきまして

　人間教育学研究第９号につきましては，12本の研究論文のご投稿をいただき，現在発刊に向けて査読を進めております。発刊予定日は2023年3月31日となります。

３．学会誌『人間教育学研究』第10号　投稿論文の募集につきまして

　本年度の学会誌『人間教育学研究』第10号の投稿者募集は，2023年7月中に，メーリングリストより募集要項を配信いたします。原稿締め切りは同年11月中を予定しております。なお現在，ホームページ上からの随時投稿は受け付けておりません。第10号に論文の投稿を希望の先生方は，日本人間教育学会にご入会の上，投稿受付開始のメールを受信後から，投稿受付の締め切りまでに，所定のメールアドレスに原稿をご送付ください。ご入会を希望される方は，学会ホームページをご参照の上，ningenkyouiku@gmail.com まで入会申込書のご送付をお願いいたします（ご入会まで1か月程度を要します）。

４．会員情報の更新について

　本学会に登録いただいている学会員情報について，登録時からご変更が生じた際は学会メールアドレスまでご一報ください。特にメールアドレスは，学会情報の送信など学会員の皆様と直接連絡させていただく際に重要です。ご変更が生じた際は必ずご連絡いただきますよう，お願いいたします。

（文責　高木悠哉）

日本人間教育学会入会の呼びかけ

この度，人間としての真の成長を願う「人間教育」の実現を目指す教育研究を推進するために，日本人間教育学会を発足することとなりました。

「人間教育」の理想は，子どもたちと教育者双方の人間的な成長を視野に入れた理論と実践の対話によって実現するものであると考えています。この方向での研究は，これまで教育学，教育哲学，教育心理学，教育社会学，教育実践学等々の専門分野で行われてきましたが，本学会は学際的にこうした諸研究の統合的発展を目指していきたいと願っています。

「人間教育」の理想の実現のために本学会は，子どもたちの学力保障と成長保障の両全を目指すと共に，教育者自身のあり方も問いたいと考えています。このことは，師弟関係における師たるものの生き方，あり方を根本的な意味で重視するものであり，教育者自身の人間的な面での研鑽を目指すことでもあります。

日本の教育は，常に厳しい教育的課題と向き合い，それに真摯に取り組む中で進んできました。そうした中で，ときに日本の学校，教師は，時々の教育的課題や教育の流行に翻弄されることもありましたが，私たち日本人間教育学会は，教育の万古不易の面を強く意識し，一時の流行に流されることのない主体的思考を堅持して教育課題や教育問題を考えていきたいと願っています。日本人間教育学会は，複雑で重要な教育問題，教育的課題ほど，単一の正解はないという教育の特質を踏まえ，この国の未来が教育の中にこそあるという熱い思いを堅持し，学校，教師の疑問や悩みと真剣に向き合う学会として進んでいく決意をしています。そのため，学校と教室における教育成果にこだわり，教育学研究を基礎研究から重視することと共に，研究者と実践者の対話，コラボレーションによる授業提案や日本の教育に求められる実践，取組の提案も重視します。

このような本学会の趣旨に賛同し，共に自身を謙虚に磨く決意に満ちた教師，大学教員の方々に広く入会を呼びかけます。

みなさん，日本人間教育学会に入会し，教育のあり方の根本に思いをいたし，研究者として，また教育者として，共に自らの人間性を磨き合っていこうではありませんか。

日本人間教育学会　入会申込書

※会員番号 ☐☐☐☐☐☐

申込日　　　年　　月　　日

※幹事会記入欄

会員種別*	正会員　・　学生会員	入会年度	年度

	姓（Last name）	名（First name & Middle name）
名　前		印
名前（カナ）		
名前（英字）		
生年月日	西暦　　年　　　月　　　日	性　別*　　　男　・　女
連絡先*	所属　・　自宅	*会員種別・性別・連絡先は該当するものを○で囲んでください *連絡先は、会報等の送付先となります

◆所属先◆

名称・学部 （部署）		職名	
所在地	（〒　　　―　　　）		
	TEL	内線：	FAX

◆自宅◆

住　所	（〒　　　―　　　）	
	TEL	FAX

◆メールアドレス◆　※携帯電話のメールアドレスは登録できません。

E-mail	

◆学歴◆

最終学歴		西暦　　　　年 卒業 修了
専門分野		

◆指導教員◆　※学生会員として申し込む方は、指導教員の情報をご記入ください。

お名前	
所　属	

日本人間教育学会幹事会（桃山学院教育大学内）
〒590-0114　大阪府堺市南区槇塚台4-5-1
TEL：072-288-6655 (代)
FAX：072-288-6656
担当：宮坂政宏　MAIL：miyasaka@andrew-edu.ac.jp

日本人間教育学会会則

〈名称〉

第1条　本会は，日本人間教育学会と称する。

第2条　本会の会務を遂行するために幹事会と事務局を置く。幹事会と事務局は，当分の
　　　　間会長所属の大学内に置く。

〈目的と事業〉

第3条　本会は，子どもたちと教育者の人間としての成長を願う「人間教育」の実現のため，
　　　　教育に関わる諸学，例えば教育哲学，教育心理学，教育社会学，教育実践学等々
　　　　の学際的対話，諸研究の統合的発展を目指し，日本の教育課題に正対し，子ども
　　　　たちの学力保障と成長保障を目指し，子どもたちと教育者それぞれが〈我の世界〉
　　　　を生きる力と〈我々の世界〉を生きる力の双方の涵養，研鑽を目的とする。

第4条　本会は，前条の目的達成のために次の事業を行う。

　　　(1) 学会誌『人間教育学研究』と『教育フォーラム』の編集発刊

　　　(2) 研究発表会，講演会等の開催

　　　(3) その他の必要な事業

〈会員〉

第5条　本会の会員は次の4種とする。

　　　(1) 正会員

　　　　本会の目的に賛同し，会長の承認のもと，所定の会費を納めたもの。

　　　(2) 学生会員

　　　　将来教員を志す学部（短大・専門学校を含む）の学生，また真摯に本学会で自
　　　　己研鑽を目指す志のある学生で，指導教員の承諾を得て，会長の承認のもと，
　　　　所定の会費を納めたもの。

　　　(3) 賛助会員

　　　　本会の趣旨に賛同する団体で会長が認めたもの。

　　　(4) 特別会員（特別顧問）

　　　　本会の充実・発展に特に寄与するものとして，会長が認めたもの。

　　2　本会に入会しようとする者は，必要事項を記入した申込書を事務局に提出し，
　　　　会長の承認を経て会員として認められる。学生会員については，指導教員の承
　　　　諾印が必要である。

　　3　退会しようとする者は，文書によりその旨を事務局に申し出，会長の承認を経て，
　　　　当該年度末をもって退会とする。なお，所定の会費を2年以上納入しない者は，

退会となる。

第6条　本会の会員は，学会誌『人間教育学研究』に投稿し，また研究発表会その他の行事に参加することができる。投稿規定は別に定める。

第7条　本会の正会員，特別会員は，学会誌『人間教育学研究』と『教育フォーラム』の配付を受けることができる。学生会員と賛助会員は，学会誌『人間教育学研究』の配付を受ける。また，学生会員は正会員，特別会員の指導助言を受けることができる。

〈役員〉

第8条　本会に，次の役員をおく。

　　　⑴ 会長

　　　⑵ 幹事長

　　　⑶ 理事

　　　⑷ 幹事

　　　⑸ 学会誌『人間教育学研究』編集長

　　　⑹ 監事

　　2　会長は，本会を代表する。

　　3　会長は，幹事長，理事，幹事，学会誌『人間教育学研究』編集長を任命する。

　　4　会長に事故ある場合には，予め会長が指名した順にその職務を代行する。

　　5　会長は，理事会の招集，開催を必要に応じて行う。理事会は，会長から提案された年間の予算，決算，事業計画，事業報告を議する。幹事会は，理事会の議を経た年間の予算，事業計画を遂行する。

　　6　幹事長は，会長の指示の下，幹事会を構成し，本会の運営にあたる。なお，必要に応じて事務担当をおくことができる。

　　7　監事は会計，及び事業遂行の監査にあたる。監事は会長が委嘱する。

　　8　役員の任期は2年とし，会長は役員任期終了前に次期役員を任命し，定期総会で報告する。なお，各役員の再任を妨げない。

第9条　本会に幹事会をおく。

　　2　幹事会は，前条第1項第4号の委員並びに事務担当をもって構成し，幹事長がこれを代表する。

　　3　幹事会は，学会誌『人間教育学研究』発刊に対して必要な意見を編集長及び編集委員に述べ，発刊が円滑に行われるようにする。

　　4　幹事会は，会長の指示を受け，幹事長の下，日常の学会活動を効果的，円滑的に運営する。

第10条　本会は，学会誌『人間教育学研究』と『教育フォーラム』を発刊する。

　　　2　会長は，学会誌『人間教育学研究』編集長を任命する。学会誌『人間教育学研究』は，編集長と，会長が任命した編集委員によって行う。その際，会長の指示を受けた幹事会の意見を生かし，円滑に発刊できるようにする。

　　　3　会長は，『教育フォーラム』を編集する。幹事会は，会長の指示を受け，『教育フォーラム』を円滑に発刊できるようにする。

〈総会〉

第11条　本会は第3条の目的を達成するために，年1回，日本人間教育学会総会を開催する。また，会長が必要を認めた場合には臨時総会を開く。総会は正会員，学生会員，賛助会員をもって構成し，議事は正会員出席者の過半数の同意をもって決定する。

〈会計〉

第12条　本会の経費は，会員の会費及びその他の収入による。

　　　2　本会の会費は，付則の定めるところによる。

　　　3　本会の会費は，前納するものとする。

　　　4　本会の会計年度は4月1日より翌3月31日までとする。

〈改正〉

第13条　本会則の改正は，会長が行い，総会において発表する。

【付則】

　　　1．会費は，以下のものを納める。

　　　正会員　　　5,000円

　　　学生会員　　2,500円

　　　賛助会員　　一口10,000円

　　　2．本会則は，平成27年10月18日より発効する。

●執筆者一覧 （執筆順）

梶田叡一 （かじた・えいいち）　　学校法人聖ウルスラ学院理事長

古川　治 （ふるかわ・おさむ）　　桃山学院教育大学人間教育学部講師

湯峯　裕 （ゆみね・ひろし）　　桃山学院教育大学人間教育学部教授

鎌田首治朗 （かまだ・しゅうじろう）　　桃山学院教育大学人間教育学部教授

溝上慎一 （みぞかみ・しんいち）　　学校法人桐蔭学園理事長・桐蔭横浜大学教授

二瓶弘行 （にへい・ひろゆき）　　桃山学院教育大学教育監・教授

中間玲子 （なかま・れいこ）　　兵庫教育大学大学院学校教育研究科教授

今西幸蔵 （いまにし・こうぞう）　　高野山大学文学部教育学科主任兼特任教授

菅井啓之 （すがい・ひろゆき）　　元京都光華女子大学こども教育学部教授

杉浦　健 （すぎうら・たけし）　　近畿大学教職教育部教授

善野八千子 （ぜんの・やちこ）　　奈良学園大学人間教育学部特任教授・社会国際連携

　　　　　　　　　　　　　　　　　センター長・桐蔭学園理事

阿部秀高 （あべ・ひでたか）　　森ノ宮医療大学医療技術学部教授

陸奥田維彦 （むつだ・しげひこ）　　大阪教育大学連合教職実践研究科特任教授

赤石　衛 （あかいし・まもる）　　教育研究者

八木成和 （やぎ・しげかず）　　桃山学院教育大学人間教育学部教授

高木悠哉 （たかき・ゆうや）　　桃山学院教育大学人間教育学部准教授

梶田めぐみ （かじた・めぐみ）　　松徳学院中学校・高等学校理事長・校長

渡邉規矩郎 （わたなべ・きくろう）　　桃山学院教育大学人間教育学部講師

教育フォーラム71

令和の教育課題
学制150年を踏まえて

2023年3月31日　初版第1刷発行　　　　　　　　　　　　　　　　　　　　　検印省略

責任編集　　　　　梶田叡一
編集©　　　　　　日本人間教育学会
発 行 者　　　　　金子紀子
発 行 所　株式会社　金子書房
　　　　　　〒112-0012　東京都文京区大塚3-3-7
　　　　　　TEL 03-3941-0111　FAX 03-3941-0163
　　　　　　振替　00180-9-103376
　　　　　　URL　https://www.kanekoshobo.co.jp
印刷／藤原印刷株式会社
製本／一色製本株式会社

ISBN 978-4-7608-6021-0 C3337　　　　　　　　　　　　　Printed in Japan